探索乐高EV3

高凯 编

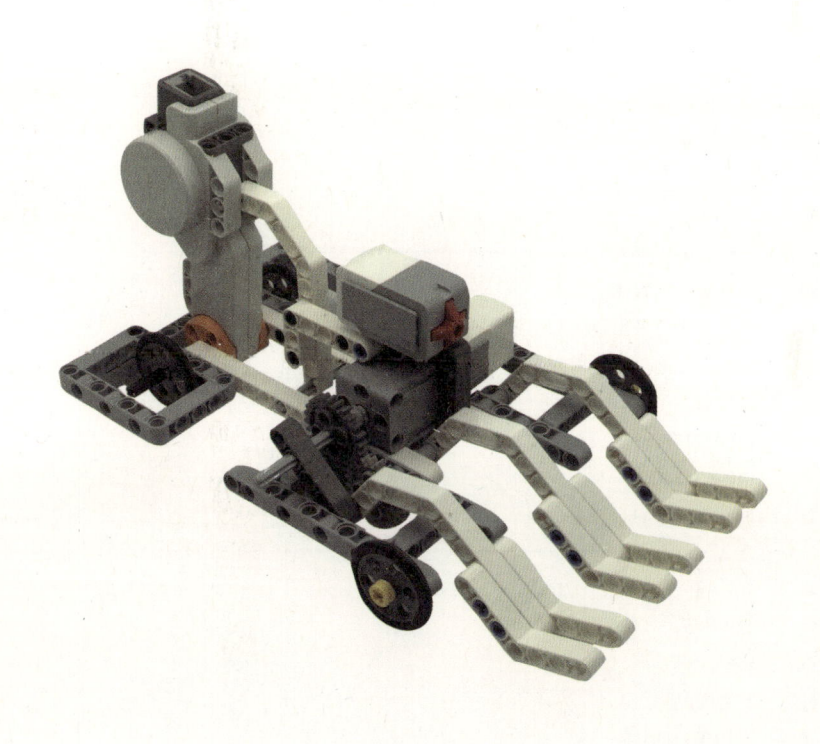

科学普及出版社
·北京·

图书在版编目（CIP）数据

探索乐高 EV3 / 高凯编 . — 北京：科学普及出版社，2018.5

ISBN 978-7-110-09737-3

Ⅰ. ①探… Ⅱ. ①高… Ⅲ. ①智力游戏 Ⅳ. ① G898.2

中国版本图书馆 CIP 数据核字 (2018) 第 009034 号

策划编辑	郑洪炜
责任编辑	李　洁　陈　璐
装帧设计	中文天地
责任校对	杨京华
责任印制	马宇晨

出　　版	科学普及出版社
发　　行	中国科学技术出版社发行部
地　　址	北京市海淀区中关村南大街16号
邮　　编	100081
发行电话	010-62173865
投稿电话	010-63581070
网　　址	http://www.cspbooks.com.cn

开　　本	787mm×1092mm　1/16
字　　数	130千字
印　　张	8.5
印　　数	1—5000册
版　　次	2018年5月第1版
印　　次	2018年5月第1次印刷
印　　刷	北京盛通印刷股份有限公司
书　　号	ISBN 978-7-110-09737-3 / G·4097
定　　价	38.00元

（凡购买本社图书，如有缺页、倒页、脱页者，本社发行部负责调换）

前言

《探索乐高 EV3》是乐高 EV3 系列的基础入门读物，适合于零基础刚开始接触乐高的青少年进行阅读和实践。本书设计了常见机械结构、基层程序设计和传感器使用、综合运用 3 大部分，通过 15 个活动带领青少年探索机械和机器人的乐趣。机械结构部分介绍乐高积木的搭建方法，并将积木搭建与常见的机械结构相结合；基础程序设计及传感器部分介绍 EV3 软件的使用方法、常见传感器知识，让学生熟悉软件中各个模块的功能；综合运用部分以三个创意机器人为载体，将机械结构与程序设计的内容相融合。本书作者高凯老师是北京二中的通用技术课教师，曾获全国十佳科技辅导员称号，在指导学生开展机器人和创客活动方面具有丰富的实践经验。

《探索乐高 EV3》是中国青少年科技辅导员协会组织编写的工程技术类青少年科技活动实用案例集中的一个主题。成立于 1981 年的中国青少年科技辅导员协会，长期以来致力于加强科技辅导员队伍建设，开展线上线下的培训活动，提高科技辅导员的专业素养，为科技辅导员开展青少年科技教育活动提供资源服务。为贯彻落实《全民科学素质行动计划纲要（2006—2010—2020）》，中国青少年科技辅导员协会根据科技教育活动的新发展，以及广大科技辅导员开展青少年科技教育活动的需求，组织编写了突出信息技术特色的工程技术类科技活动系列案例集。该系列案例集根据不同主题介绍与活动内容相关的背景知识、教材资料、活动组织流程、活动实施的方法（技巧）、器材工具、评估方法等。中小学科技教师、校外科技场所的科技辅导员、科普志愿者可以参考使用，设计和组织开展青少年科技活动；青少年也可以根据教材内容，自主开展相关活动。

本系列教材的出版得到中国科协科普部 2017 年科技辅导员继续教育项目的支持，在此表示感谢。

中国青少年科技辅导员协会
2018 年 3 月

序言

据我所知，北京市第二中学是国内为数不多的将科技教育办出特色和效果的中学之一。该校推进科技教育开展的许多做法，是值得大家借鉴的。第一是对科技教育的定位十分明确，将其提升到与课堂教学同等重要的地位；第二是校长自己出任科技教育工作领导小组组长，确立了完善的科技教育组织管理体系和科技教育活动开展体系；第三是各学科聘任专职、兼职科技教师，科技教育活动与学科教育的融合开展已常态化；第四是形成了具有学校特色和高水平的"人工智能机器人"和"郭慕孙几何动艺"等科技项目。北京市第二中学在自上而下贯彻以科技教育带动学校改革的实践中，不仅形成了有学校特色的科技教育文化，而且打造了一支有科学素养和创新能力的科技教育队伍。本书的作者高凯老师就是这支队伍中的一员。他长期带领学生开展智能控制研究，曾在 2014 年"北京市十佳科技教师"评选中荣获第一名。这本《探索乐高 EV3》就是高老师在多年开展智能机器人研究活动的基础上撰写的。

本书面向的读者主要是青少年智能机器人爱好者。全书主要由"机械结构""自动控制"和"综合应用"三大部分构成。在前两部分中，通过大量的机器人搭建配图和示例，详细介绍了机械结构和自动控制的原理与应用。通过前两部分的学习，学生可以完成后一部分的"换灯泡机器人""智能铲车"和"分拣流水线"三个综合性作品。值得称赞的是，本书在每一节中的内容设计和实践活动，基本是以问题学习或项目学习模式编排，学习者需要按照观察（看一看）、设计（画一画）、学习（学一学）、实践（做一做）、反思（想一想）等大致环节完成学习，留给了读者更多的自主探究和动手实践的空间。高老师在本书中选择使用的机器人是"乐高 EV3 机器人套装"，其既可通过积木搭建出复杂的机械结构，培养青少年的空间设计和动手操作能力，也可以通过强大的图形化编程语言，发展他们的编程能力和计算思维。所以，这是一本培养青少年的兴趣爱好、科学素养、计算思维和实践创新能力的好书。

在 2017 年 7 月，国务院印发了《新一代人工智能发展规划》，明确指出要逐步开展全民智能教育项，在中小学设置人工智能相关课程，逐步推广编程教育。实际上，编程只是教与学的手段，让青少年具备信息时代的思维和素养才是我们的目的。从当前大数据、人工智能等新一代信息技术的发展形势来看，计算思维、跨学科解决问题能力和创新创造能力将是青少年在未来智能时代所生存、生活和工作的必要技能。但在当前的青少年 STEAM 教育等科技教育中，能够完全处理和发展好"学习"和"创造"关系的中小学和一线教师并不多。

实际上，"学习"和"创造"从来都不是对立面，"学习"可以说是"创造"的基础，终生学习能力是青少年终身成为"创造者"必备的"关键能力"。所以，在 STEAM 教育中我也一直倡导让学生"在创造中学习"，即面向真实情境的问题，引导他们进入真实的 STEAM 创造过程，让他们以一种新的姿态进入"学习"过程。在"创造中学习"的 STEAM 教育到底能让学生们学到什么？相比于陈述性知识，我更看中的是技能、经验、思维和素养方面的提升。值得注意的是，在这里，学生们学到的知识是根据动态变化的上手逻辑来组织的，而不是按照知识结构的展开逻辑来安排的；学到的技能是情境化的方法和实际操作的技能，而非脑袋中记忆的步骤；学到的经验是与真实问题解决过程相耦合的，而非口耳相传或书本习得的；学到的素养和思维方法是综合性、多元化和发展性的，而非仅限于应对基本生活和学习的需求。

以"创造中学习"的视角来审视当前国内基础教育中的 STEAM 和其他类的科技教育，会发现还有不少制约青少年科技创新人才培养的问题，如这类科技教育多以拓展课形式开展，与学校其他课程体系缺乏有效融合，课程规范和评价体系远未建立，缺乏专业适任的教师。但好在有北京市第二中学这样的学校，集全校之力从上至下探索科技教育的特色化发展之路，也好在有像高凯老师这样的一线老师，长期在青少年科技教学和研究项目中"摸爬滚打"，为我国中小学科技教育的开展提供了可借鉴的成熟模式和成功经验。

让我们期待更多的中小学能加快推进科技教育教学改革，培养更多的创新创造人才。

任友群

2017 年 9 月 2 日于华东师范大学丽娃河畔

目录

天平——杠杆机构 ... 1

摆动的雨刷器——多连杆机构 ... 10

剪叉机构——伸缩门是怎么运动的 ... 20

齿轮结构——忙碌的齿轮箱 ... 28

皮带传动——旋转飞椅 ... 40

停车场安全杆——蜗轮与蜗杆传动 ... 50

初识 EV3 电机控制 ... 59

自动控制轮式小车 ... 69

键控机器人 ... 79

认识颜色的机器人 ... 90

"跟屁虫"机器人的制作 ... 100

"自主导航"机器人的制作 ... 108

分拣流水线 ... 115

"换灯泡"机器人 ... 120

键控铲车 ... 126

天平——杠杆机构

在这部分内容中，我们将学习到乐高 EV3 零件的基础搭建知识。同时，我们还将这些基础的搭建方法与常见的机械结构进行了结合。在这里，也许你会发现许多在我们生活中常见的设备和设施中蕴含的机械机构。

一、看一看

在许多物理或者化学实验室中，我们都会见到这样一个称量物体质量的仪器。大家看看图 1.1，知道它叫什么名字吗？没错，就是天平。它是一种衡量器，可以帮助人们衡量物体的质量。天平上有一个支点和两个臂，每一个臂上装有一个托盘。其中一个盘里放

图 1.1

着已知质量的物体，另一个盘里放待测物体，固定在梁上的指针在不摆动且指向正中刻度时，砝码的质量加上游码的读数便是待测物体的质量。在本节课程内容中，我们就来和同学们一起完成一个简易的天平。

任务发布

具体要求

1）天平横杆尽可能长，以便重物能在水平方向进行尽可能大范围的移动。
2）天平底座尽可能高，以便横杆在竖直方向大范围摆动。
3）横杆和底座高度大致保持 3∶1 的比例。
4）使用搭建的模型进行简单的测试。

二、画一画

在搭建前，我们在心中对天平肯定会有大致的印象，你能用简单的线段或图形来描绘一下它的样子吗？注意满足上面的要求，可以标上你认为合理的尺寸。

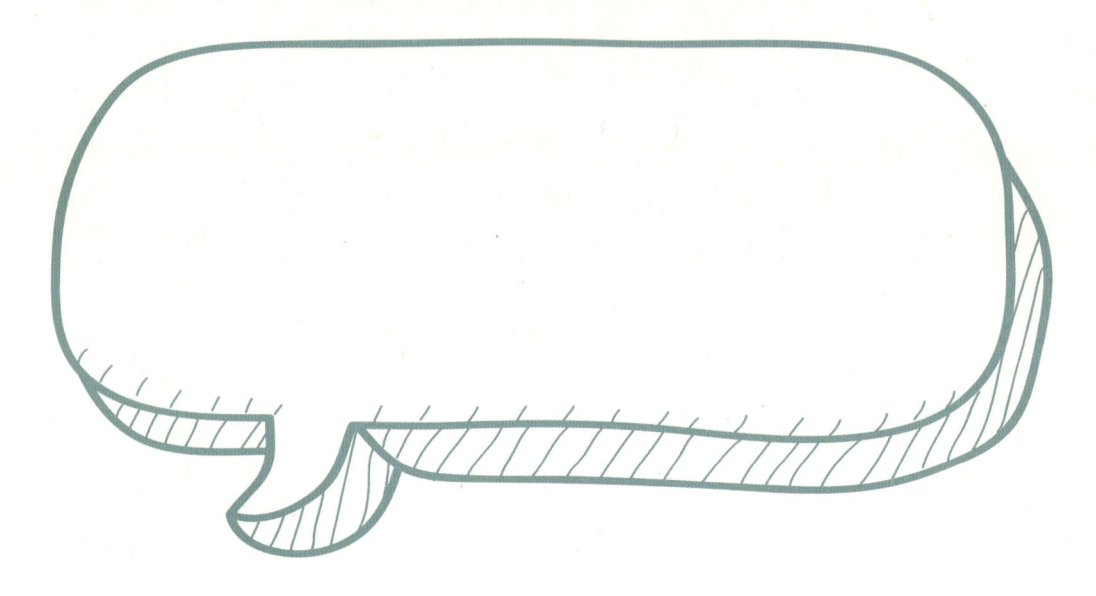

三、学一学

生活中的杠杆

前面我们提到的天平是利用杠杆的平衡条件来称出物体质量的。杠杆是一种非常经典的机械结构，在我们的生活中有许多地方都用到了杠杆或者杠杆的原理来解决问题。例如，我们常见的撬棍、剪刀、镊子、钳子等这些工具都是杠杆。使用了这些工具以后，我们工作起来会更加方便与高效。大家还能不能根据自己的生活经验再来思考一下，我们生活中还有哪些物品也用到了杠杆的原理？

原理解密

我们已经了解了杠杆在我们生活中的用途，下面我们就来了解一下杠杆的工作原理。首先，来看一些杠杆的基本知识：

1. 杠杆的概念

一根硬棒在力的作用下如果能绕着固定点转动，这根硬棒就叫做杠杆。

2. 杠杆的五要素

支点： 杠杆可以绕其旋转的点，符号是 O。

动力： 促使杠杆转动的力，符号是 F_1。

阻力： 阻碍杠杆转动的力，符号是 F_2。

动力臂： 从支点 O 到动力 F_1 的作用线的垂直距离，符号是 L_1。

阻力臂： 从支点 O 到动力 F_2 的作用线的垂直距离，符号是 L_2。

3. 杠杆示意图的画法

方法： 先找支点 O；再确定动力、阻力的作用点；判断动力、阻力方向，画出动力、阻力；再画力臂，标出力臂的符号。图 1.2 就是一个典型的杠杆原理示意图，通过这张图我们可以很清楚地看到组成杠杆的几个要素。

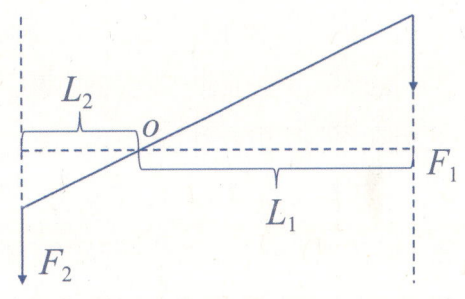

图 1.2

4. 杠杆的分类

根据我们的生活经验不难发现，有些时候在使用杠杆的过程中是非常省力的，或者说为了省力，我们才选用杠杆这种机械结构。有省力杠杆相应的就有费力杠杆，如何区分这两种杠杆呢，我们先来了解一下它们的定义。

省力杠杆： 动力臂大于阻力臂的杠杆，叫做省力杠杆。

费力杠杆： 动力臂小于阻力臂的杠杆，叫做费力杠杆。

通过表格 1.1，我们可以更加清楚地知道这两种不同类型杠杆的区别和特点，同学们可以根据这两种不同类型的杠杆进行举例。

表 1.1

杠杆种类	力臂关系	省、费力情况	省、费距离情况	举例
省力杠杆	$L_1 > L_2$	$F_1 < F_2$	费距离	
费力杠杆	$L_1 < L_2$	$F_1 > F_2$	省距离	
等臂杠杆	$L_1 = L_2$	$F_1 = F_2$	相同	

拓展应用

我们学习了杠杆的工作原理和杠杆的分类，大家可以思考一下，在我们的生活中有哪些问题可以使用杠杆来解决？

_____

_____

四、做一做

学习了杠杆的原理之后，下面我们就来动手制作一个天平吧，看看谁制作的天平能够更好地称量出物品的质量。大家可以先修改一下之前"画一画"部分的设计图，然后再进行搭建。

在乐高 EV3 套装中，有很多不同种类、不同样式的零件，在这里我们就不一一向大家介绍了。我们在搭建模型的过程中，会不断地使用到它们。伴随着搭建内容的丰富和大家熟练程度的提高，自然会得心应手地使用这些零件。

在使用这些零件的过程中大家要不断总结和思考，了解每种零件的特点，这样在搭建模型的过程中才能够轻轻松松地，找到最合适的零件。

思考

尽管乐高已经提供了很多零件供我们选择，但是有可能还是不能满足我们所有的需求。这时，我们可以考虑将乐高的零件与 3D 打印相结合，具体要怎么做呢？大家开动脑筋来想一想吧！

材料准备

本章所需材料如表 1.2 所示。

表 1.2

名称	形状	名称	形状
3 孔梁		蓝色长销	
15 孔梁		方块梁	
黑色销子		直角梁	
7 孔梁			

模块搭建

我们先来分析一下，要搭建一个天平的模型需要几个部分。首先是天平的底座，然后需要搭建一个横梁。大家也可以根据自己的想法进行搭建，只要能够满足天平的功能就可以了。

1. 模块一：底架

将三块长方形梁作为最底层，在最底层上安装 15 孔梁作为竖直支架，两者用直角梁固定。（图 1.3，图 1.4）

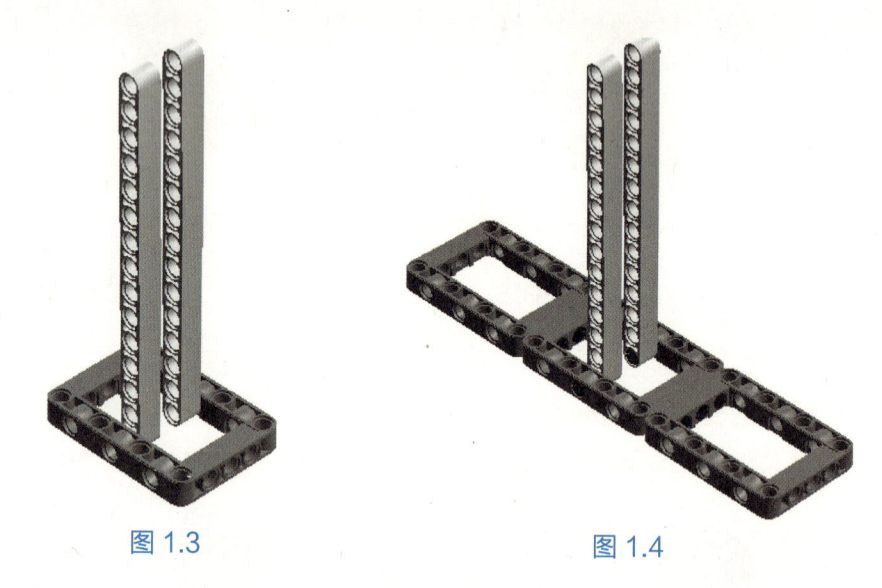

图 1.3   图 1.4

2. 模块二：横梁

横梁以三根 15 孔梁作为基础，用 4 根 7 孔梁进行连接，然后在其他位置孔洞插上蓝色销子，方便配重。在这里使用 7 孔梁将两根 15 孔梁连接在一起，主要是起到延长横梁的效果，从而使我们搭建的天平能够有更好的实验效果。（图 1.5）

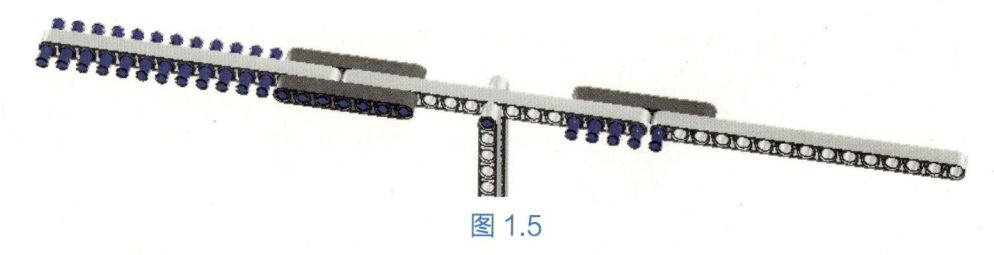

图 1.5

整体搭建

将底座与横梁用蓝色销进行连接，大家可以使用各种零件进行配重，对比不同配重的实验结果。（图 1.6，图 1.7，图 1.8）

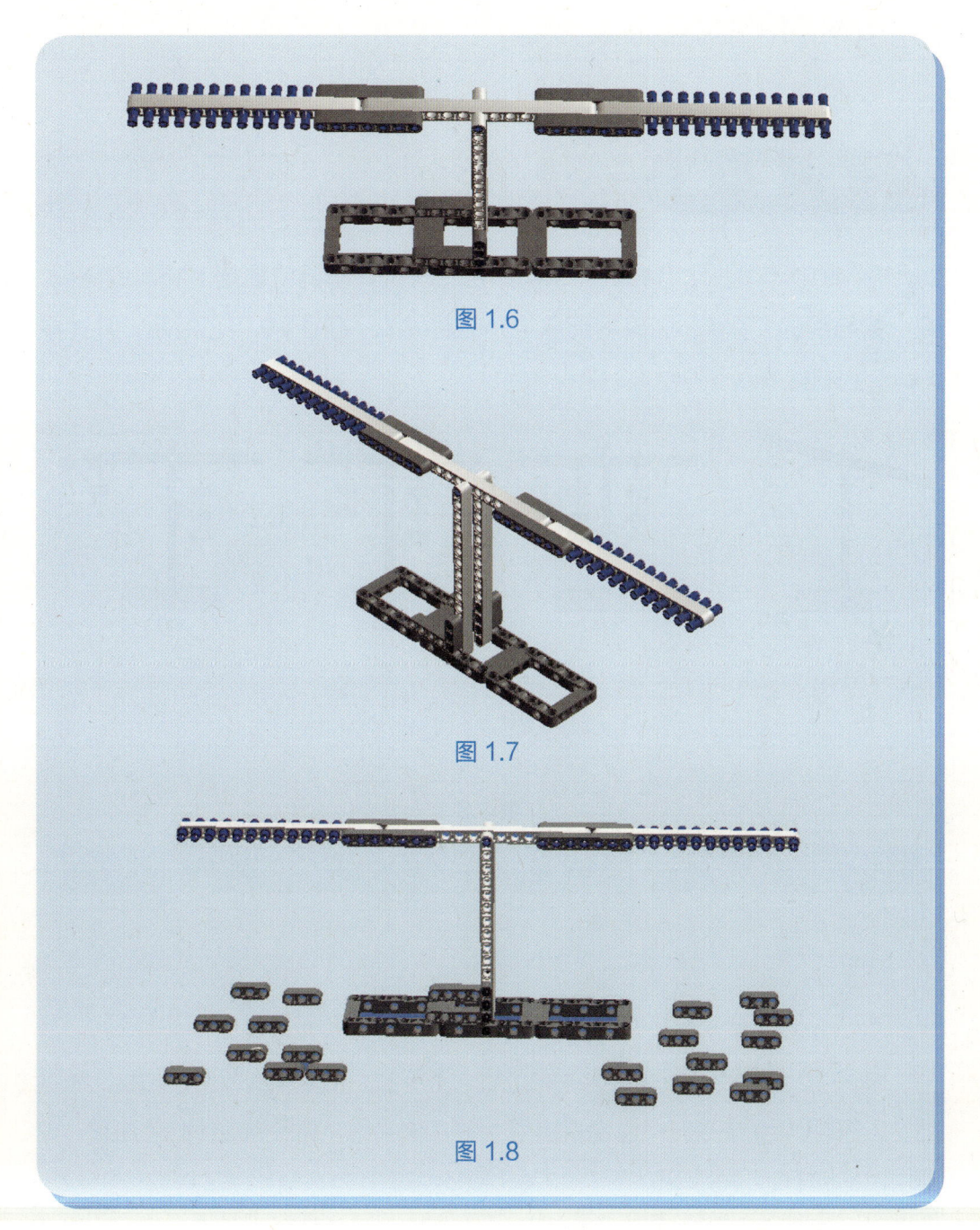

图 1.6

图 1.7

图 1.8

思考

我们之前看到的天平大多数都是有托盘的，我们大家也可以考虑在自己搭建的天平上安装托盘，从而使测试实验更方便进行。在安装托盘的过程中我们需要注意哪些问题呢？

五、算一算

图 1.9 中甲为一个杠杆机构，如果在杠杆两端不同位置挂上相同的砝码，数一数砝码的个数 F，砝码到支点中心的距离 L，如图 1.9 中乙所示，并计算 $F \times L$，将数据填入下列表 1.3 中。

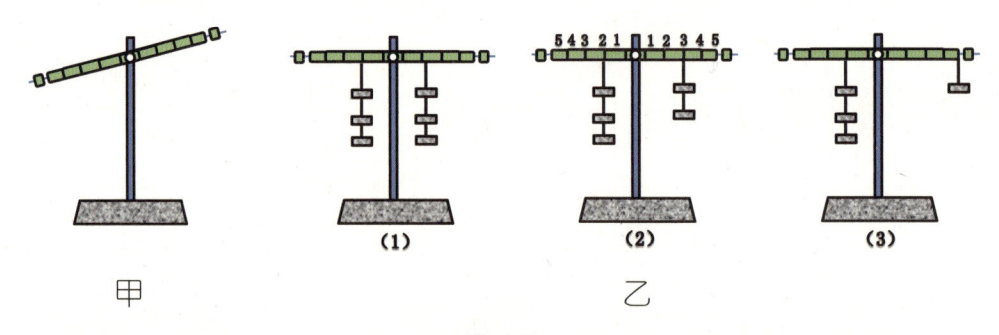

图 1.9

表 1.3

序号	F_1	L_1	$F_1 \times L_1$	F_2	L_2	$F_2 \times L_2$
a						
b						
c						

大家可以使用自己制作的天平来进行一下实验，记录实验数据，完成表格以后，大家可以自己总结一下，如果想让天平能够平衡，需要满足什么条件呢？大家可以把你的结论写下来。

思考

想一想，如果你和一个同学在玩跷跷板，你想将你这边降低而让对方翘起，那么你需要向后坐一点还是向前坐一点呢？

六、想一想

2008年5月12日，我国四川省汶川县发生8级强烈地震，许多区县受灾，原来美好的家园顷刻间变成一片废墟。我们在电视上看到重灾区北川县北川中学六七层高的教学楼严重倒塌，变成了仅两米多高的废墟。武警战士赶到北川中学，在重型机械还没有到达之前，他们用棍子撬开水泥板抢救埋在废墟下的师生，他们利用杠杆原理救了不少被埋学生的性命。因此研究杠杆原理在生活中的应用有广泛的现实意义。

虽然很多机器上都有杠杆，可是你知道吗，人体中也有很多的杠杆在起作用呢！当我们拿起一件东西，弯一下腰或者翘一下脚尖，这时都得依靠人体的杠杆才能起作用呢！点一下头或抬一下头也是靠杠杆的作用，杠杆的支点在脊柱之顶，支点前后各有肌肉，头颅的重量是阻力。支点前后的肌肉配合起来，有的收缩有的拉长，就形成低头仰头动作。我们可以思考一下，是低头省力还是抬头省力呢？

摆动的雨刷器——多连杆机构

一、看一看

在我们的生活中经常遇到这样的问题，奔驰的汽车在公路上行驶，忽然下起了倾盆大雨，雨水打在汽车的前挡风玻璃上，挡住了司机的视线。这对汽车驾驶是非常危险的，所幸雨刷器的存在帮助人们解决了这个问题。那么雨刷器是怎么工作的？它是怎么实现循环左右摆动的呢？有兴趣的同学可以找一辆停止的汽车，仔细观察一下雨刷器的结构（图2.1）。

图2.1

任务发布

具体要求

1）以连杆的一端为固定端，绕此固定端旋转。

2）通过连杆一端的360度旋转来带动雨刷器扇形摆动。

3）两支雨刷要向同一方向循环摆动。

二、画一画

在雨天行驶的汽车里，你一定见过雨刷器工作时的状态，图 2.1 是雨刷器的实物图，看看它有几根杆件，请在下方画出你想要搭建的机构草图。注意满足上述的要求，可以标上你认为合理的尺寸。

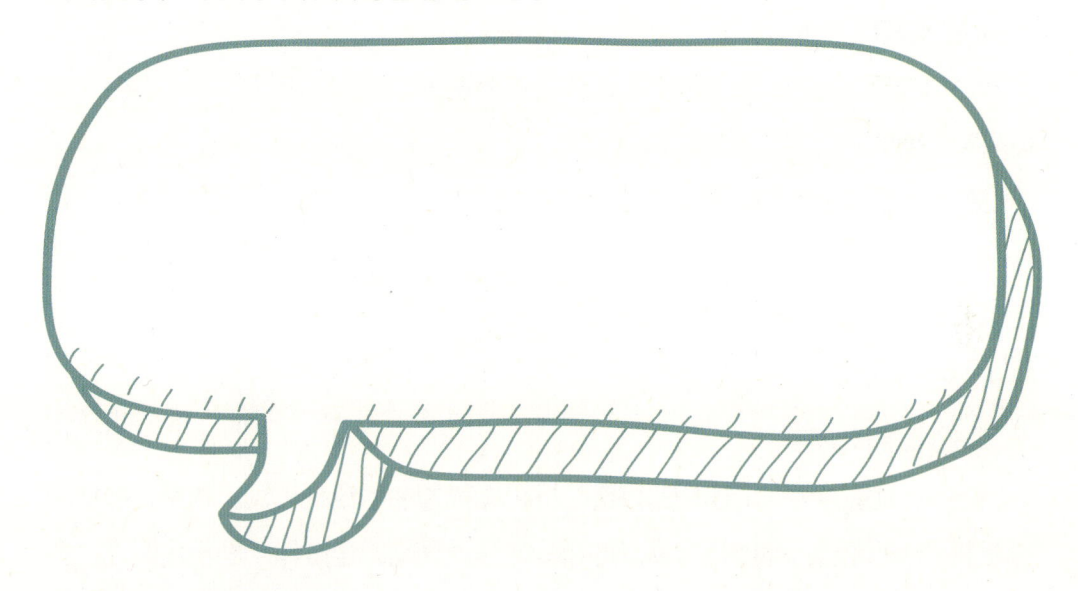

三、学一学

生活中的连杆机构

汽车雨刷器是一种常见的连杆机构。连杆机构也是生活中非常经典的机械结构，生活中有许多地方用到连杆机构，它比杠杆机构复杂，由几根连杆构成。在现代生活中，我们常见的汽车发动机里面就有一套复杂的连杆机构。大家还能不能根据自己的生活经验再来思考一下，我们生活中还有哪些物品也用到了连杆机构？

原理解密

我们已经了解了连杆机构在我们生活中的应用，下面我们就来学习一种特殊的连杆的工作原理。在真正懂得它的工作原理之前，有几个重要的概念是大家先要了解的：

1. 基本概念

连杆： 原动件的运动经过不与机架直接相连的中间构件传递到从动件上，中间构件称为连杆，如图 2.2 中 BC 所示。

曲柄： 能作整周回转的连架杆，如图 2.2 中 AB 所示。

摇杆： 只能在一定范围内摇动的连架杆，如图 2.2 中 CD 所示。

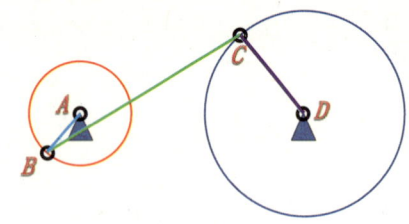

图 2.2

2. 曲柄摇杆机构

具有一个曲柄和一个摇杆的铰链四杆机构称为曲柄摇杆机构。通常，曲柄为主动件且等速转动，而摇杆为从动件作变速往返摆动，连杆作平面复合运动。曲柄摇杆机构中也有用摇杆作为主动件，摇杆的往复摆动转换成曲柄的转动。曲柄摇杆机构是四杆机构最基本的形式。它能使整周回转运动变为往复摆动，也能把往复摆动变为整周回转运动。想一想，我们要实现雨刷器的摆动，应该以曲柄为主动件还是以摇杆为主动件呢？

3. 摇杆运动范围

如图 2.3 所示，在曲柄旋转过程中，有两次曲柄与连杆重合的情况，此时摇

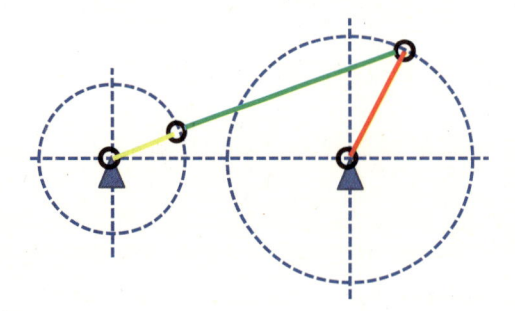

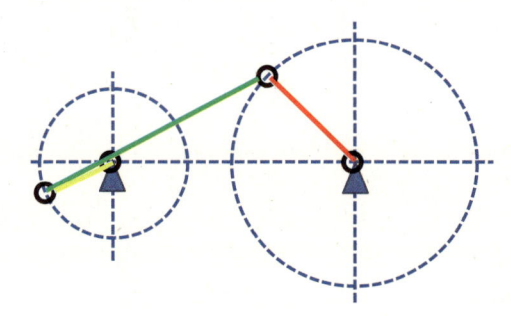

图 2.3

杆所处的位置就为摇杆运动的边界位置，这个边界位置所夹的角是小于180度的。

拓展应用

下面给大家介绍一款比较特殊的机器人（图2.4，图2.5），这款机器人采用的是双曲柄机构。在双曲柄机构的带动下，机器人可以实现类似于步行的运动方式。曲柄连杆机构在机器人运动机构中非常常见，通过这种机构我们可以使用较少的电机来带动更多的结构运动。

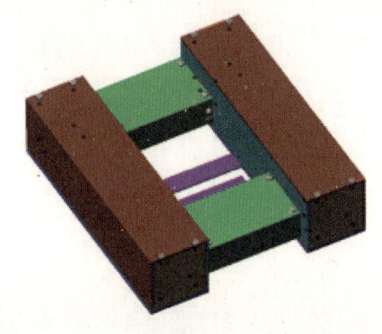

图2.4

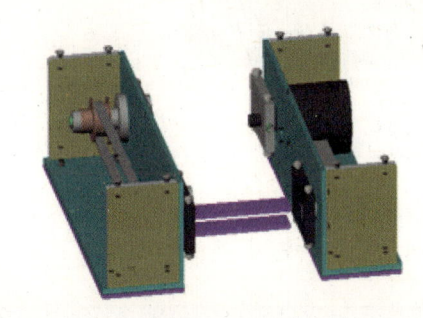

图2.5

再给大家介绍另一款机器人（图2.6，图2.7），这款机器人用到了连杆机构。这是一个学生机器人创意作品，名称叫做"轮腿复合式机器人"。大家可以注意观察机器人的腿部。通过一个舵机的带动，机器人的腿既可以变成圆形，又可以变成类似于椭圆形的形状。

图2.6

图2.7

通过上面的内容，我们学习了有关曲柄摇杆的基本概念及其工作原理，又认识了摇杆的几何运动范围，大家可以思考一下，在我们的生活中有哪些问题可以通过使用曲柄摇杆来解决呢？

___

___

___

四、做一做

材料准备

本章所需材料如表2.1所示。

表2.1

名称	形状	名称	形状
9孔梁		3孔梁	
黑色5孔连接器		7孔梁	
四棱轴		连接器	

续表

名称	形状	名称	形状
轴套		5 孔梁	
方块梁		11 孔梁	
黑色销子		浅色销子	

思考

在 EV3 的零件中，我们不难发现有几种不同类型的销子。在生产时采用了不同的颜色，有黑色、米色、蓝色等。从外观上看，基本没有太大差别，但是在使用过程中还是有区别的。大家可以自己尝试一下使用不同销子，思考一下它们分别有什么特点。

模块搭建

模块一：底座

用 5 孔梁支起手摇机构，用 3 孔梁将支柱固定（图 2.8）。

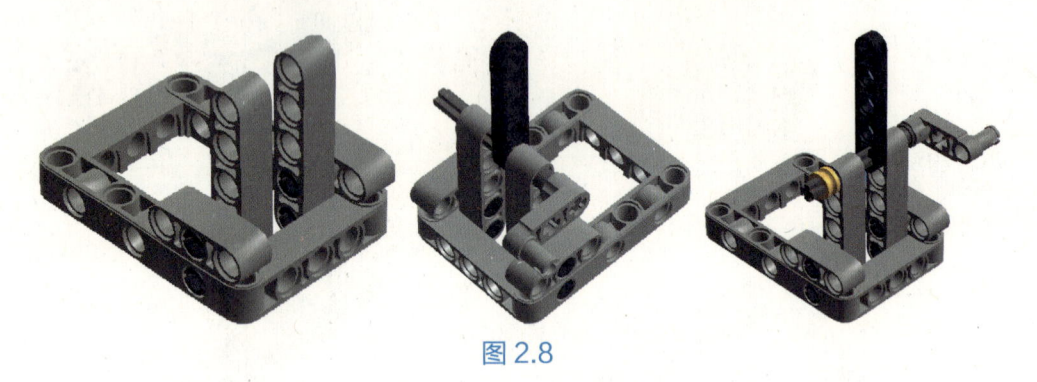

图 2.8

模块二：雨刷

用 11 孔梁搭建雨刷机构，两支雨刷用 11 孔梁相连（图 2.9）。

图 2.9

整体搭建

将雨刷、连杆机构、手摇机构用轴套和黑色连接轴连接起来（图 2.10），这样雨刷器就制作完成了，用手摇一摇看看雨刷是否能够左右循环摆动。

图 2.10

模型搭建完成以后，大家可以想一想在这个模型中，哪一部分是曲柄？哪一部分是连杆？哪一部分是摇杆？观察一下，在运动过程中各个部分是怎么运动的？

五、算一算

所有的四连杆机构都有曲柄机构吗？看下面的一个例子。

四连杆机构中的四连杆长度尺寸为：AB=130mm，BC=150mm，CD=175mm，AD=200mm。若 AD 杆固定在地面上，用手中现有的材料进行组装验证一下（图2.11）。

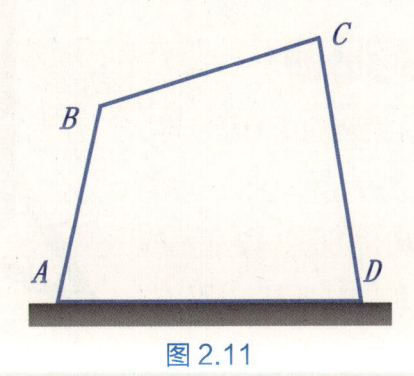

图 2.11

答案是此四连杆无曲柄机构，那么曲柄机构存在的条件是什么呢？

连杆机构中有曲柄的条件：

1）最短杆长度 + 最长杆长度 ≤ 其余两杆长度之和。

2）组成该周转轴的两杆中必有一杆是最短杆。

根据上述条件填写下面的表格2.2，并动手搭建验证一下（图2.12）。

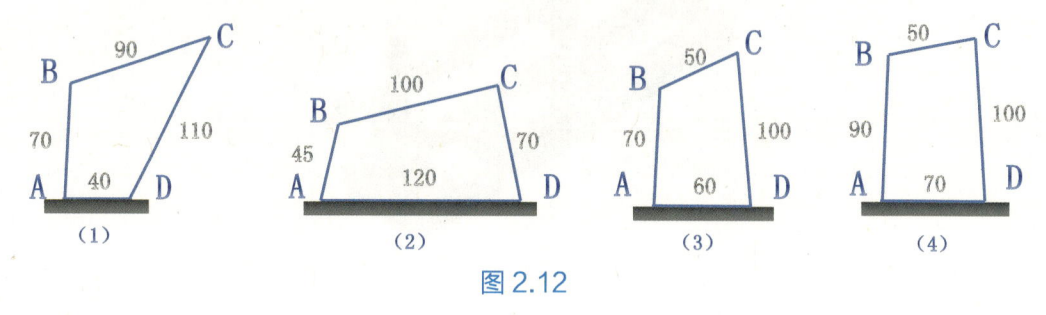

图2.12

表2.2

序号	最短与最长杆和	其余两杆和	两者大小比较	是否有曲柄
a				
b				
c				
d				

六、想一想

雷达天线俯仰角调整机构

在曲柄摇杆机构中，通常曲柄为原动件，且做匀速转动，而摇杆为从动件，在一定角度范围内做变速往复摆动。如图2.13所示的雷达天线仰俯机构为这种曲柄摇杆机构。主动件曲柄缓慢地匀速转动，通过连杆，使摇

图2.13

杆在一定角度范围内摆动，则固定在摇杆上的天线也能做一定角度的摆动，从而达到调整天线仰俯角大小的目的。

搅拌机机构

下图 2.14 所示为搅拌机机构，该机构也是一个曲柄摇杆机构，主动件曲柄回转，从动摇杆往复摆动，利用连杆的延长部分实现搅拌功能，该机构要求连杆延长部分的轨迹为一条卵形曲线，实现搅拌功能。

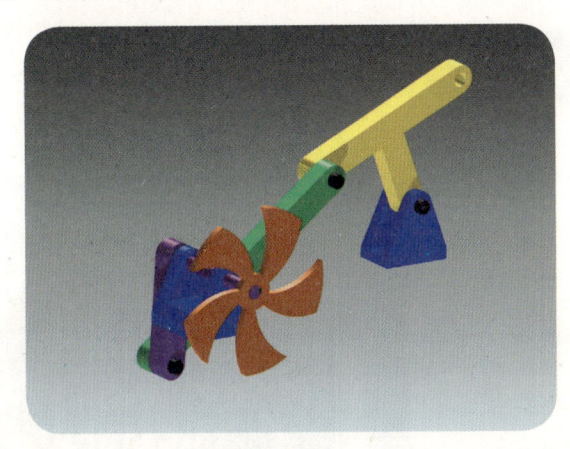

图 2.14

缝纫机踏板机构

在实际使用中，缝纫机有时会出现踏不动或倒转现象，这是由于机构处于死点位置引起的。一般情况下，对于传动机构来说死点是不利的，应采取措施使机构能顺利通过死点位置。对于缝纫机的踏板机构而言，它在正常运转时，是借助安装在机头主轴上的飞轮转动时的惯性使缝纫机踏板机构的曲柄冲过死点位置（图 2.15）。

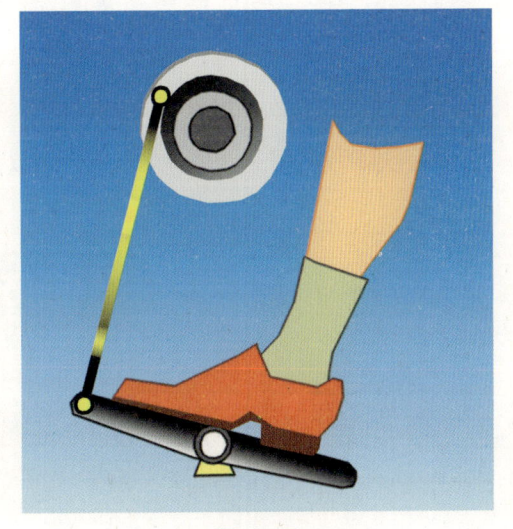

图 2.15

剪叉机构——伸缩门是怎么运动的

一、看一看

相信同学们在电影和电视里面都见过"变形金刚"。机器人可以变形成汽车、大炮等各种形态。生活中，其实也有一些可以变形的结构，学校的大门，广场的护栏都可以伸缩变形（图3.1）。伸缩结构使用起来非常的方便，有着我们意想不到的效果。那么，伸缩门是怎么实现伸缩运动的呢？什么样的机构可以实现伸缩的功能呢？在这一节课中我们就来一起学习一下可以伸缩的机构。

图 3.1

任务发布

具体要求

1）伸缩门要有轮子，使其可以在地面上自如伸缩。
2）设计伸缩门的伸缩比为 1∶5。

二、画一画

大家可以根据自己的生活经验，画出你心目中的伸缩门。画图之前可以先观察一下，找到伸缩机构的特点。

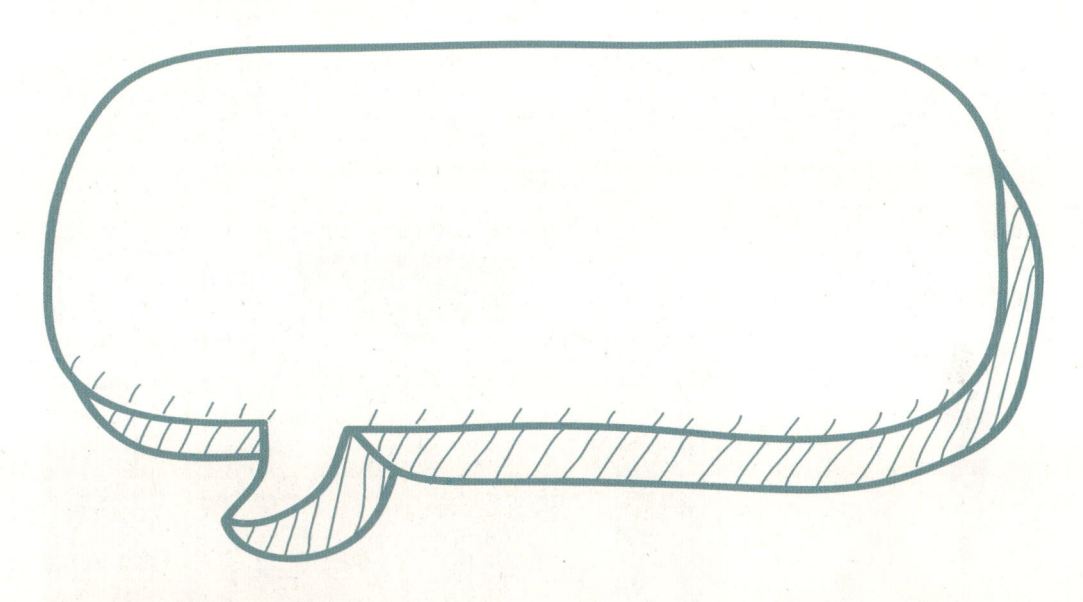

三、学一学

生活中的剪叉机构

在这节课中，我们将要学习的机构名称叫做剪叉机构。从名字中不难看出，我们生活中用到的剪刀就是一种最简单的剪叉机构（图 3.2）。剪叉机构在生活中有很多的应用，除了上面的伸缩门，还有升降机。你能列举出生活中还有哪些剪叉机构吗？

原理解密

剪叉机构：如图 3.3 所示的机构就是剪叉机构，它像剪刀一样，由两根杆状物和连接件组成。剪叉机构在实践中有着广泛的应用，一般是利用它的对称结构具有放大的平行位移的特点，如玩具、灯具、登高作业台、起重平台等。剪叉机构实际上是通过许多根杆连接成若干个平行四边形，利用平行四边形的不稳定性来实现机构的变形和伸缩。剪叉机构的特点是具有较大的横向位移以及较小的纵向位移。通过观察不难发现，剪叉机构的横向位移是纵向位移的好几倍。

图 3.2

图 3.3

拓展应用

图 3.4

在许多轮式机器人的车轮结构中，采用一些变形轮的设计可以大大增加机器人的越障能力。这样，机器人就可以在更加崎岖的路面上快速移动了。例如在火星或者月球探测的机器人中，有许多就采用了剪叉机构。由于剪叉机构可以伸缩，可以改变尺寸的大小，在火星车或者月球车发射时就节省了航天器内部的空间。图 3.4 就是一款月球车车轮的模型。

通过上面的内容，我们学习了有关剪叉机构的基本形状和结构以及剪叉机构的应用和优点。请再想一想，在我们的生活中有哪些问题可以通过使用剪叉机构来解决？

_____
_____
_____

四、做一做

材料准备

本章所需材料如表 3.1 所示。

表 3.1

名称	形状	名称	形状
轴套		平头棱轴	
轮毂		小轮胎	
15 孔梁		黑色销子	

23

模块搭建

模块一：剪叉机构

将两根 15 孔梁在中间孔处用黑色销子进行连接，即可形成剪叉机构。我们将多个这样的单元组合在一起就可以形成一个具有较大伸缩空间的剪叉机构了（图 3.5）。

注意： 剪叉机构是利用平行四边形的不稳定性来实现伸缩的，有些同学在搭建的过程中先搭建好多个平行四边形然后再想办法将他们连接在一起。如果这样做，很有可能就无法完成模型的制作了。

> **思考**
>
> 在前面的课程中，我们给大家介绍过，销子有不同的颜色，也有各自的特点，在本节课的剪叉机构中，我们应该使用哪种销子进行连接呢？用不同的销子连接会有怎么样的效果呢？

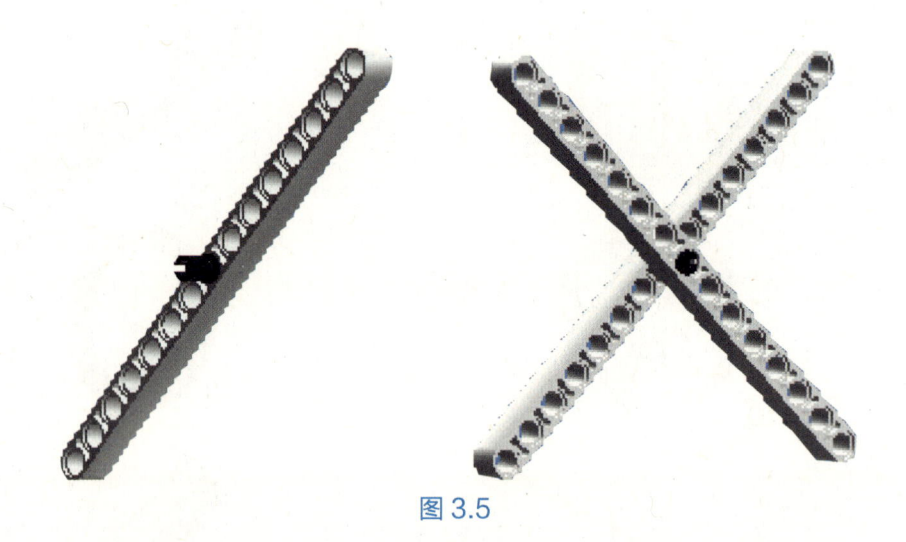

图 3.5

由于我们使用的梁都是奇数孔，我们可以很容易地找到梁的中间位置。

模块二：轮子机构

将轮毂与轮胎连接即可形成滚轮（图3.6）。

图 3.6

整体搭建

用连接件将车轮与剪叉机构连接即可形成伸缩门（图3.7）。

图 3.7

图 3.8

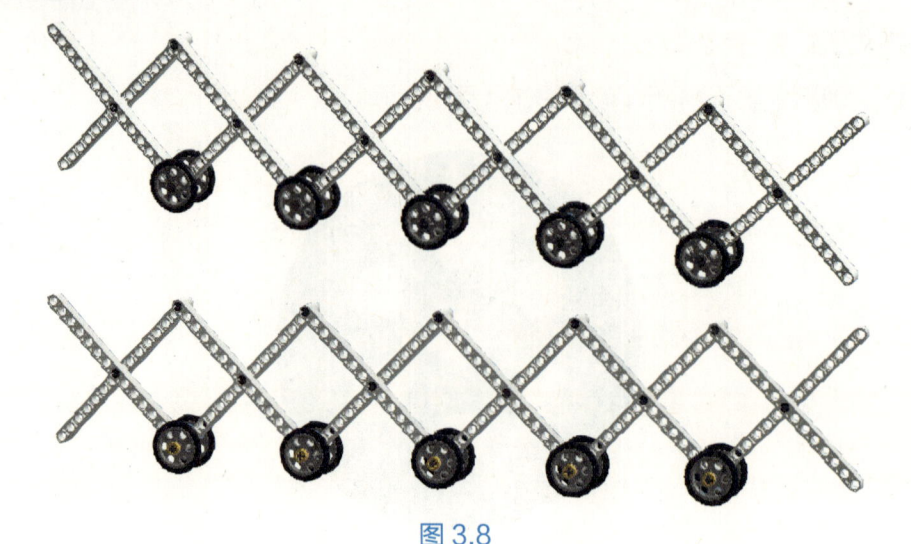

注意： 在搭建的过程中，如果轮子装的过多可能无法达到剪叉机构最大的伸缩比（图 3.8）。轮子和机构之间会出现干涉的现象。

五、算一算

我们将模型搭建完成以后，经过测试了解到机构可以伸缩，但是机构伸缩了多少我们不得而知，下面我们就来通过计算的方式具体算一算我们自己搭建的剪叉机构伸缩比能够达到多少。

设剪叉机构在伸长时，同一侧两端点距离为 L_1，缩短时同一侧两端点距离为 L_2，在相同的伸长长度下，剪叉机构具有较小的纵向尺寸（L_1 和 L_2）和较小的纵向尺寸变动幅度（L_2-L_1），以及较大的位移放大率 $\dfrac{H}{(L_2-L_1)}$，见图 3.9。

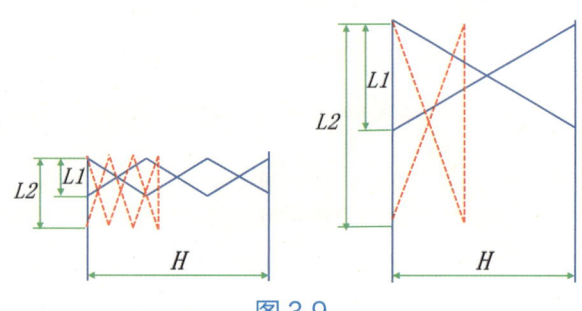

图 3.9

剪叉机构——伸缩门是怎么运动的

在下面的表格中，请根据上面的公式，将表 3.2 补充完整。

表 3.2

序号	L_1	L_2	H	(L_2-L_1)	$\dfrac{H}{(L_2-L_1)}$
a	3	5	30		
b	2	8	45		
c	7	16	70		
d	9	15	100		

六、想一想

剪叉式升降机是用途广泛的高空作业专用设备。它的剪叉机械结构，使升降台起升有较高的稳定性和较高的承载能力。宽大的作业平台使高空作业范围更大，并适合多人同时作业。它使高空作业效率更高，安全更有保障（图 3.10）。

在前面的内容中，我们已经了解了剪叉机构的特点，我们能不能利用剪叉机构可伸缩的特点帮助我们解决生活中的一些问题呢？

小明同学在学习了剪叉机构之后，将学习到的知识灵活应用，设计并制作了"可伸缩换灯泡的机械手臂"。小明同学发现，原来家里面要换灯泡的时候，就要站在桌子或者椅子上，非常不方便同时又有安全隐患。于是，他就想到是否可以用剪叉机构来实现这个功能呢？经过调查计算，他设计出了一款可以站在地面上就能够完成换灯泡工作的机械手臂。这样一来，需要换灯泡的时候，只要站在地面上就可以完成这项工作了。

小明同学想到的这个办法解决了生活中的问题，大家还能不能想出其他的应用领域呢？

图 3.10

齿轮结构——忙碌的齿轮箱

一、看一看

齿轮是机器中很重要的部件，它几乎是机器的象征。只要一看到齿轮，就会联想到机器。齿轮是一项伟大的发明，从古希腊的数学家阿基米德到15世纪的艺术家达·芬奇都研究过齿轮。齿轮的出现推动了人类社会向前发展。在现代人的生活中，

图 4.1

齿轮更是随处可见。大到我们常用的交通工具，汽车的发动机、变速箱里面都有齿轮的存在，小到人们的手表中，也离不开齿轮的作用（图 4.1）。在这一章中，我们将进入神奇的齿轮世界。齿轮经常不单独出现，而是以齿轮组的方式呈现，众多齿轮相互啮合，可以说"牵一发而动全身"，从而产生传动的作用。灵活地运用齿轮将会产生很多神奇的效果（图 4.2）。

图 4.2

齿轮结构——
忙碌的齿轮箱

任务发布

具体要求

1）齿轮箱中至少有两种大小、形态各异的齿轮。

2）齿轮之间要相互啮合，要求能够产生传动的效果。

3）通过垂直、水平方向啮合来改变输出速度的大小和方向。

二、画一画

齿轮箱的形式多种多样，内部的齿轮也多种多样，请在下面的框格中画出你设计的齿轮组。

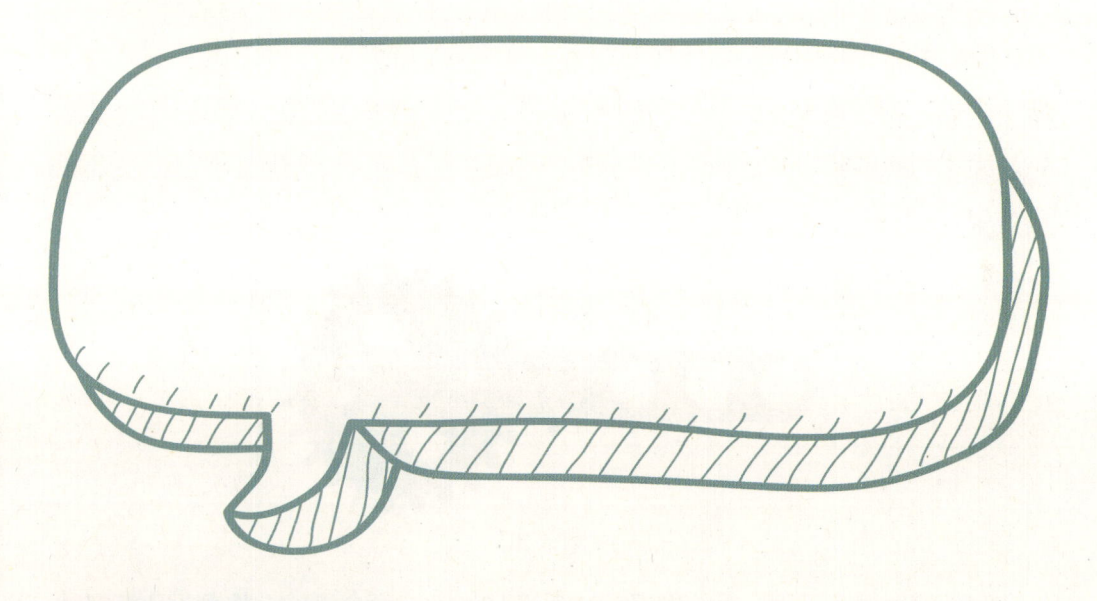

三、学一学

生活中的齿轮

齿轮是一种非常经典的机械结构，在我们的生活中有许多地方都用到了齿轮来解决问题。例如，机械手表中时针、分针与秒针就是通过背后的多个齿轮传动

29

来实现转动的。在我们乐高 EV3 的电机中也都用到了齿轮。大家根据自己的生活经验再来思考一下，我们生活中还有哪些物品也用到了齿轮？

_____

_____

_____

原理解密

齿轮传动是一种非常经典的传动方式，学习了齿轮的基本知识以后，同学们还要学会灵活的运用才能达到更好的效果。下面就来分几个方面来给大家讲解一下齿轮的基本知识：

1. 齿轮的齿数

齿轮单独使用几乎没有实际的用处（特殊情况除外），一般用途中至少需要两个齿轮，如图 4.3 所示为两个普通的齿轮：左边是 8 齿齿轮，右边是 24 齿齿轮。齿轮的最重要的属性就是它的齿数。齿轮的齿数将很大程度上影响齿轮的使用效果。

图 4.3

回到图片中的示例，我们使用了 8 齿和 24 齿的两个齿轮，将两根十字轴插入齿轮的中心孔，再将十字轴插入梁的圆孔中，这样齿轮在十字轴的带动下，就可以顺畅转动了。

2. 齿轮的特点

第一个特点是当转动其中一根轴时，另一根轴也同时转动，因此，齿轮的基本属性就是可以将运动从一根轴传到其他轴上；

第二个特点是你不需要用很大的力去转动它们，因为齿轮间配合相当紧凑，齿轮之间的摩擦力很小，部件之间配合精度高；

第三个特点是两根轴反向转动：一个顺时针，一个逆时针；

第四个特点也是最重要的特性，就是两根轴的旋转速度不同。当转动 8 齿齿轮时，24 齿齿轮转动得很慢，而转动 24 齿的齿轮时，8 齿齿轮转动得很快。我们把这种效果叫做齿轮的变速。可能很多同学都参加过机器人竞赛，有些比赛中对机器人的速度要求非常高。如何能够实现机器人的高速运动呢？使用齿轮的变速来实现是一个很好的办法。通过大小不一的齿轮相互啮合，会让机器人加速或者减速多少呢，在后面的"算一算"板块中会给大家进行详细的介绍。

3. 齿轮的分类

直齿轮

这些齿轮的齿数都是 8 的倍数，在计算齿数比时，非常方便（图 4.4）。

图 4.4

双锥面齿轮

双锥面齿轮也可以当做直齿轮使用。齿轮的两面都被设计成了斜面，这就使得它比常规的锥齿轮有更广泛的应用范围。它的厚度是普通锥齿轮的两倍，会占用更大的空间（图 4.5）。

图 4.5

锥齿轮

锥齿轮通常用在两根轴不平行的情况中。锥齿轮可以在两根轴成任意角度的情况下使用。锥齿轮的轮齿形状复杂，在支撑轴上产生的力也很复杂。例如，我们可以让两个锥齿轮相互垂直，从而改变运动状态和方向。这也刚好体现了锥形齿轮的特点和优势（图 4.6）。

图 4.6

拓展应用

通过上面的原理解密，我们知道了齿数的概念、齿轮的特点和分类。这些都是齿轮最基本的内容。那么了解了这些内容之后，你能不能举出例子，你见过的齿轮，都是什么形状的？它是应用在了什么机构上？它是单独工作的还是与其他齿轮一起工作的？

四、做一做

材料准备

本章所需材料如表 4.1 所示。

表 4.1

名称	形状	名称	形状
黑色长轴		24 齿直齿轮	
黑色中轴		40 齿直齿轮	
黑色短轴		12 齿双面齿轮	
黑色销子		12 齿斜齿轮	
顶头棱轴		20 齿斜齿轮	

33

续表

名称	形状	名称	形状
长顶头棱轴		手摇轴	
四棱轴		齿轮箱	
轴套		长轴套	
8齿直齿轮		长套筒	
16齿直齿轮		方块梁	

注意：在本节课的模型搭建中，涉及的材料比较多。如果找不到相应的材料，大家可以想办法找到可以替代的材料来完成模型的搭建。

模块搭建

模块一：底座搭建

将 6 块方块梁搭建成底座，在底座上插入如图 4.7 所示黑色销子和四棱轴。

图 4.7

模块二：齿轮组（一）

将 8 齿直齿轮、24 齿直齿轮、40 齿直齿轮和 12 齿双面齿轮按如图 4.8 所示搭建在方块梁上。

图 4.8

模块三：齿轮组（二）

将 8 齿直齿轮、24 齿直齿轮、12 齿斜齿轮和 12 齿双面齿轮按如图 4.9 所示搭建在方框梁上。

图 4.9

模块四：齿轮组（三）

将 8 齿直齿轮、24 齿直齿轮、24 齿斜齿轮和 40 齿直齿轮按如图 4.10 所示搭建在齿轮箱上（图 4.11）。

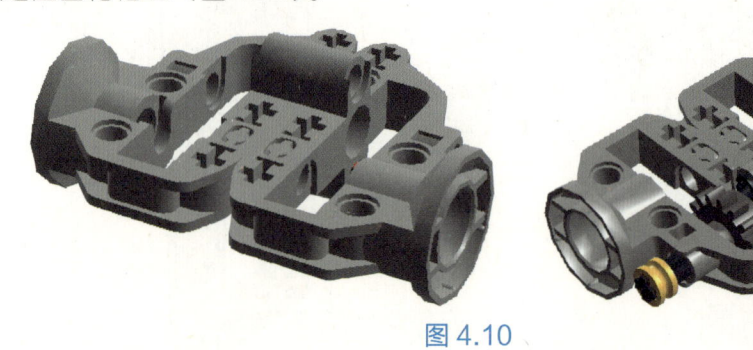

图 4.10

图 4.11

36

整体搭建

将三组齿轮组分别装在底座的对应位置上（图4.12）。

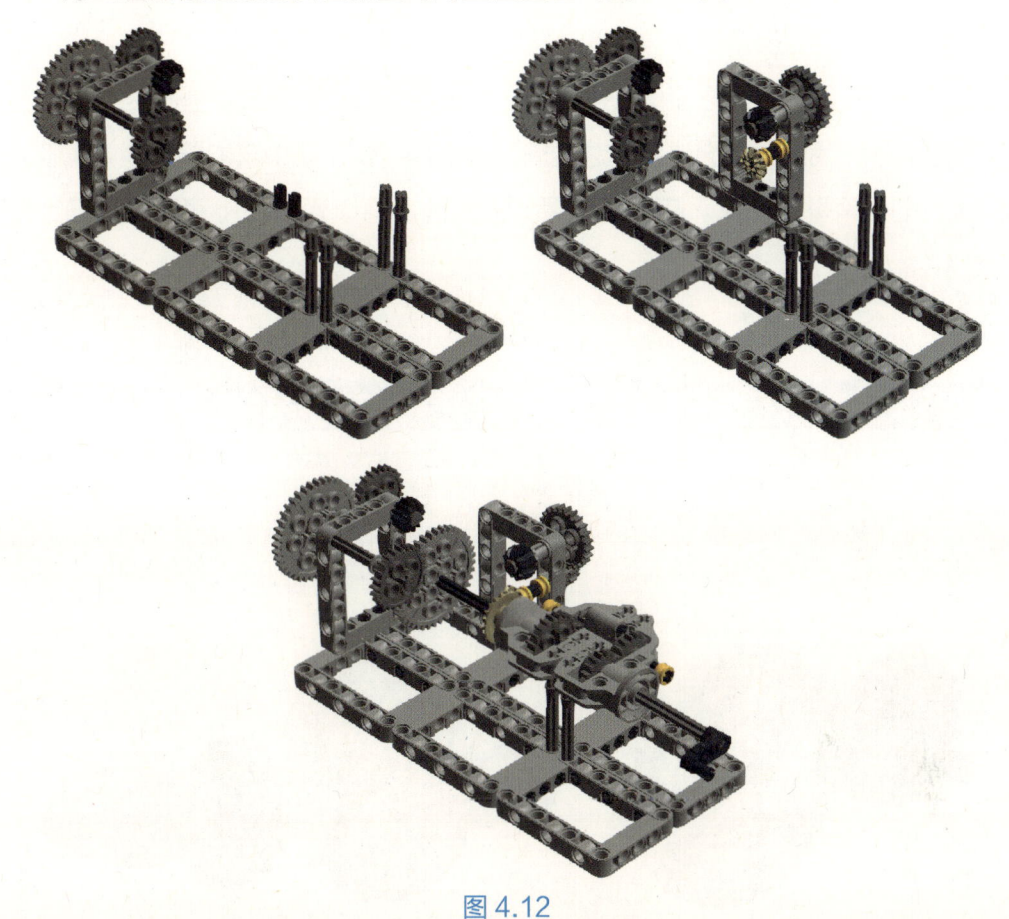

图 4.12

五、算一算

在上面的例子中，我们先转动大齿轮（24齿），它的每一个齿都与8齿的两个齿啮合得很好。因为24齿的齿轮和8齿的齿轮啮合后，24齿的齿轮转过一个齿时，8齿的齿轮也会转过一个齿。因此，大齿轮转过8个齿（24个齿的齿轮）就可以让小齿轮转过一圈（360度）。当大齿轮再转过8个齿时，小齿轮又转了一圈。在你转动24齿齿轮的最后8个齿时，8齿齿轮转过第三圈。这也是两

37

轴产生不同速度的原因：24齿齿轮转动一圈，8齿齿轮转动了三圈。我们用两个齿轮转动圈数之比来表示传动比。因此我们可以得出结论传动比与齿数比成反比。了解了这个知识以后，我们来完成下面的表4.2。

　　什么时候应当加速或减速传动，这需要根据我们的任务需求来决定。总的来说，减速传动用的比加速传动多。因为马达会产生很高的速度，但扭矩很小，在大多数时候，我们需要通过减小速度来提高扭矩，例如让小车能爬上斜坡或者让机器人的手臂举起物体。在你不需要大扭矩时，可以通过减小速度来精确定位（图4.13）。

表4.2

序号	齿数比	传动比	齿轮类型	转动左边齿轮（匀速、加速、减速）
图a				
图b				
图c				

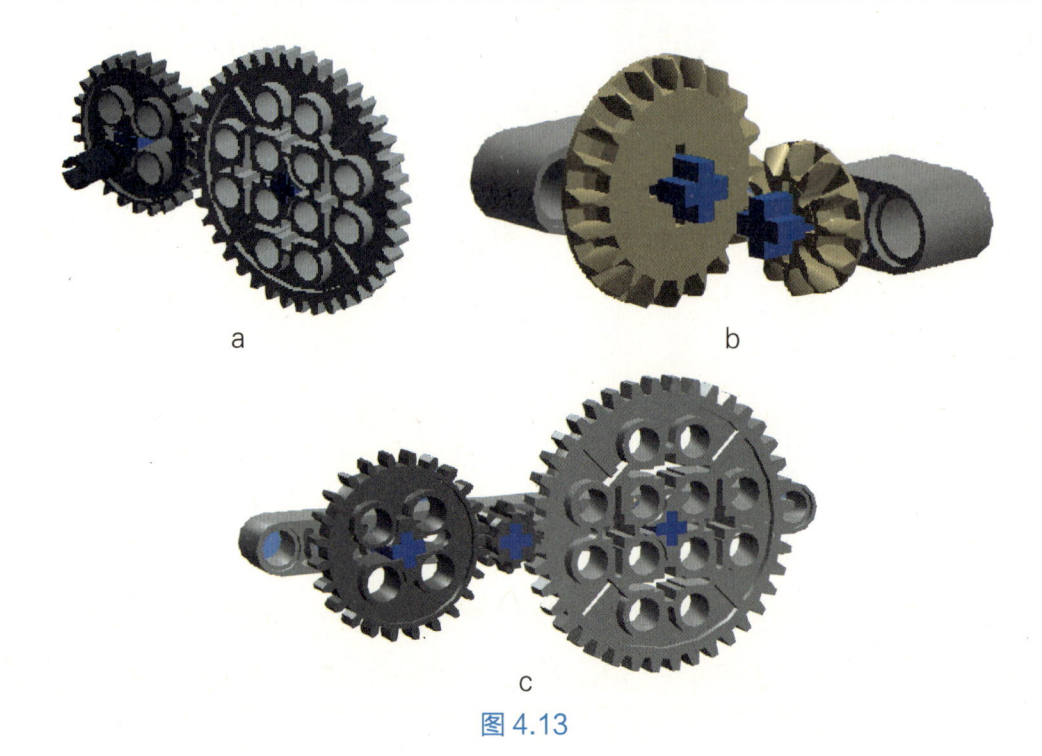

a

b

c

图4.13

齿轮结构——
忙碌的齿轮箱

六、想一想

齿轮箱在风力发电机组中的应用很广泛，而且是一个重要的机械部件。齿轮箱的主要功能是将风轮在风力作用下所产生的动力传递给发电机并使其得到相应的转速。通常风轮的转速很低，远达不到发电机发电所要求的转速，必须通过齿轮的增速作用来实现，故也将齿轮箱称之为增速箱。

图 4.14

有兴趣的同学，可以使用乐高零件完成一个风车的搭建，通过手摇的方式带动风扇转动。大家可以比一比看看谁的风扇速度转得快，谁的风扇吹出来的风比较大（图 4.14）。

皮带传动——旋转飞椅

一、看一看

在上一节的内容中，我们学习了齿轮的基本知识，了解了齿轮是一种常见的传动机构。在我们的生活中也有很多地方都用到了齿轮。大家去游乐园时肯定会看到各式各样的旋转飞椅，坐在上面非常刺激，这些好玩的游戏设施上是不是也用到了齿轮呢？在这节内容中，我们就来尝试搭建一个小飞椅的模型（图5.1）。

图 5.1

任务发布

具体要求

1）滑轮运用皮带传动，知道皮带打滑现象。
2）运用齿轮传动，并能加速或减速传动。
3）通过摇动手柄使飞椅加速旋转。

皮带传动
——旋转飞椅

二、画一画

为游乐场设计并搭建一座可以旋转的飞椅。可以方便且竖直地转动手柄，让椅子飞起来。

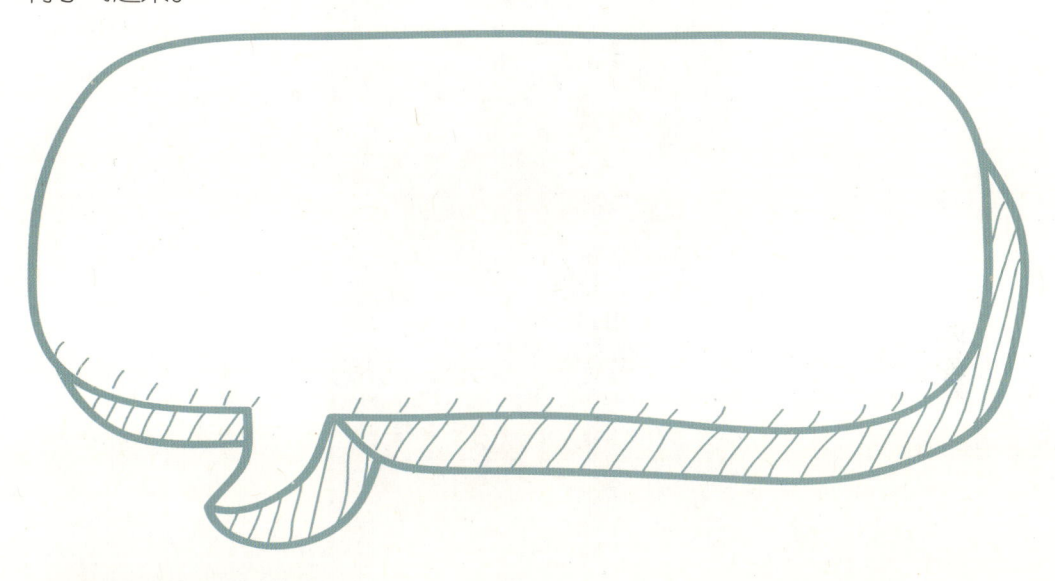

三、学一学

生活中的皮带传动

近几年，许多学校都给同学们开设了3D打印的课程。大家可以使用3D打印机来完成各种模型的制作。不知道大家注意观察过没有，在有些3D打印机中就使用皮带进行传动，喷头通过皮带传动在步进电机的带动下

图 5.2

完成打印工作（图5.2）。

除此之外，在汽车和摩托车的发动机中也都有皮带传动方式的存在（图5.3）。

图 5.3

上面给大家介绍了两个典型的皮带传动的应用，下面大家可以想想还有哪些地方会用到皮带传动呢？

_____
_____
_____

原理解密

什么是皮带传动？

皮带传动是一种靠摩擦力进行运动状态传递的机械运动。根据传动原理的不同，传动形式也有不同。有靠带与带轮间的摩擦力传动的摩擦型带传动，也有靠带与带轮上的齿相互啮合传动的同步带传动。上面我们提到的3D打印机中用到的皮带传动就属于后一种。

皮带传动的特点？

皮带传动具有结构简单、传动平稳、能缓冲吸振、可以在大的轴间距和多轴间传递动力等特点，且造价低廉、不需润滑、维护容易。在很多工厂中都是用大型的皮带传动机械来完成货物的运送工作。如图 5.4 就是一种经常在生产中见到的应用。

图 5.4

皮带传动在近代机械传动中应用十分广泛。摩擦型带传动能过载打滑、运转噪声低，但是存在传动比不准确的问题。

拓展应用

下面这张图片是一位同学的创意发明作品（图 5.5），这是一个可以弹琴的机械手臂，在这个作品中就用到了皮带进行传动。皮带在电机的带动下控制机械手臂弹奏好听的曲目。这是一个皮带传动的创新应用，同学们也来想一想，皮带传动这种方式还能够帮助我们解决什么问题呢？

图 5.5

四、做一做

材料准备

本章所需材料如表 5.1 所示。

表 5.1

名称	形状	名称	形状
底座		7 孔直角梁	
7 孔梁		轴销连接器	
长轴		黑色销	
轮毂		摇杆	
40 齿直齿轮		浅色销子	

续表

名称	形状	名称	形状
24齿直齿轮		轴套	
20齿锥齿轮		黑色连接杆	
5孔梁		轴销转换器	
3孔梁		黑色3孔梁	
黑色长轴			

模块搭建

模块一：底座搭建

将2个底座通过4个黑色销子与4个七孔梁连接（图5.6）。

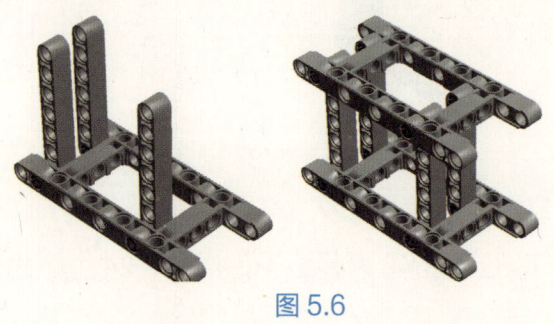

图5.6

模块二：飞椅搭建

如图 5.7 所示。

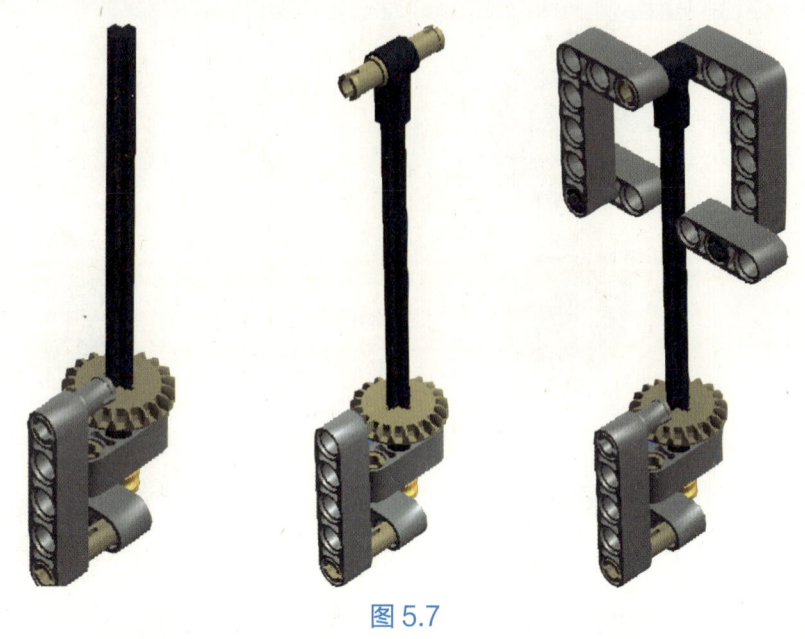

图 5.7

模块三：手摇机构搭建

首先 3 孔梁与摇杆相连，然后整体连上白色长轴销，最后在白色长轴销另一端连接滑轮（图 5.8）。

图 5.8

模块四：齿轮搭建

分别在白色长销上连接 40 齿直齿轮、滑轮、24 齿直齿轮、20 齿锥齿轮（图 5.9）。

皮带传动
——旋转飞椅

图 5.9

🔵 整体搭建

将模块二、模块三、模块四搭建在底座上即可，2 个滑轮间缠绕合适的皮筋（可根据皮筋长度调整位置）如图 5.10 所示。

两个滑轮之间需要自己选择长度合适的皮筋来模拟皮带的效果。

图 5.10

思考

在这个模型中，使用皮筋进行传动的好处有什么？

47

五、算一算

手柄是如何来传动"木马"的？计算相应的传动比。

转动手柄时，旋转木马随着一起转动。改变手柄转动方向时，旋转木马的转动方向也随之改变。

传动比：首先是滑轮皮带传动（1：1），然后是大齿轮带动小齿轮（24：40＝3：5），最后是斜齿轮传动（1：1），总传动比为三者相乘（3：5）。（传动比等于两啮合齿轮的齿数之比的倒数）

同学们求出的传动比与实际的比较，看是否吻合，为什么？

齿轮的传动比理论上是3：5，手柄每转三圈，木马转动五圈。但是实际上在学生在操作时，一定会发现，木马转动的圈数是低于这个数字的，因为有滑轮和皮带，有一定的打滑。

如何容易出现打滑现象？

当同学们转动第一个模型的手柄时，旋转木马也就开始旋转。然而，如果手柄转得太快，传送带便会打滑，旋转木马会因此变慢，甚至停下来。

同学们也可以直接来研究打滑，让一个学生抓住模型使其无法旋转，另一个学生转动手柄，这时皮带的打滑就会更加明显。由于皮带打滑现象，学生们无法确定手柄每转一圈，旋转木马可以转动多少圈。如果将手柄转动很慢时，会使这种情况有所好转。打滑这一现象在生产生活中也会出现，这一现象的出现可以在机器运行的过程中保护机器的其他零件，比如，打滑时电机可以继续转动，保证电机不会因为"堵转"而烧坏电机。

六、想一想

在上一节课程中，我们给大家介绍过齿轮的分类。本节的模型中我们就用到

图 5.11

了一种比较特殊的齿轮——锥形齿轮（图 5.11）。大家可以思考一下，在这个模型中，锥形齿轮起到了什么样的作用呢？锥形齿轮有哪些特点呢？

锥齿轮的特点：

寿命长、高负荷承载力、耐化学和腐蚀性强、降噪和减震、重量轻、成本低、易于成型、润滑性好、最重要的是，它可以实现两个垂直轴的传动，而一般圆柱齿轮只能用于平行轴。也就是说，用到锥形齿轮时，我们可以实现在两个不同平面内的传动。

停车场安全杆——蜗轮与蜗杆传动

一、看一看

在生活中，我们经常遇到自动栏杆这样的设备，比如在停车场、收费站、小区门口等。当有人或车经过，满足一定的条件时，比如刷卡，栏杆就会自动打开。在抬升的过程中，安全杆是缓慢抬起的。这节课，就让我们一起研究自动栏杆中蜗轮与蜗杆传动的工作原理。蜗轮蜗杆的传动方式，是一种非常典型的传动方式。学习了这种传动方式以后，我们可以制作出更多具有创新性的模型。图 6.1 就是一个典型的蜗轮蜗杆传动结构。

图 6.1

任务发布

具体要求

1）使用蜗轮与蜗杆进行传动，蜗轮使用 24 齿。
2）模型搭建完成以后，能够表现出减速的效果。
3）用模型演示出停车场安全杆的效果。

二、画一画

在搭建前,我们在心中对蜗杆传动的自动栏杆肯定会有大致的印象,你能用简单的线段或图形来描绘一下它的形状吗?注意满足上面的要求,可以标上你认为合理的尺寸。

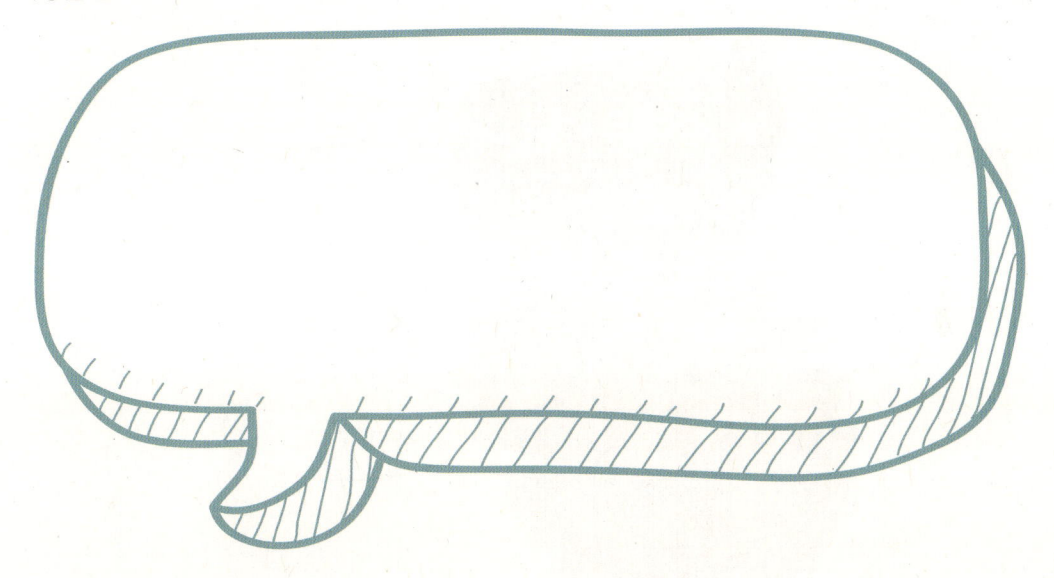

三、学一学

生活中的蜗轮蜗杆传动

很多同学都有过自己制作机器人的经验,制作的过程中,在进行电机选型时,我们要考虑电机的扭矩,也就是选定的这款电机是不是有足够大的力量,能够将整个机器人带动起来。如果机器人的重

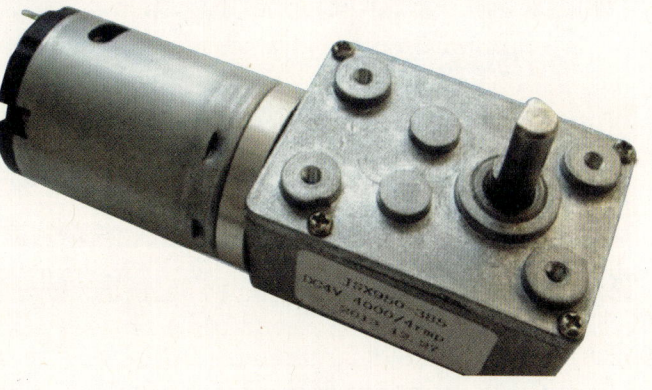

图 6.2

量比较沉，我们一般都会选择一款如图 6.2 所示的电机，这款电机使用的就是蜗轮蜗杆的传动方式。

原理解密

我们先来看一个在 EV3 的套装中使用的蜗杆与蜗轮的传动结构（图 6.3）。

蜗杆

蜗轮

图 6.3

通过观察我们不难发现，上图蜗杆（绿色）呈螺旋状，当蜗杆进行圆周转动的时候，会在摩擦力的带动下推动蜗轮向前或者向后转动，从而实现传动。下面我们再来了解一下这种传动方式的特点。

蜗杆与蜗轮传动的特点：

1. 蜗杆只能被用作传动齿，而不能被用作从动齿。它在有些装置中必不可少：比如需要举起重物并使之悬在空中。在这个场合下蜗杆用于承担支撑力，并让举起重物的力不会反作用于马达。我们经常会提到电机有一个"自锁"功能，就是通过这种方式来实现的。简单言之就是，蜗杆可以带动蜗轮转动，而蜗轮只能作为从动装置使用。

2. 蜗杆在降速结构中极其有效。理论上，它是 8 齿蜗轮效率的 8 倍，因为蜗杆每转一圈就带动从动齿旋转一个齿位，也就是蜗杆转动 8 圈，蜗轮才会转动 1 圈。这样，无论是在高扭矩、低速或狭小空间下，都可使用蜗杆作为降速装置。

3. 当蜗杆转动时，它会产生一个使啮合的从动齿沿轴转动的推力，从而改变蜗轮的运动方向。也可以说使蜗杆和蜗轮的运动不在同一个平面内。

4. 使用蜗轮蜗杆的传动方式可以增加电机的扭矩，也就是我们常说的"减速增扭"。

拓展应用

学习了蜗轮蜗杆的传动特点以后，我们发现这是个拥有不少独有特点的传动方式。很多起重机和铲车、铁路道口栅栏、可开闭的吊桥、绞盘以及其他需要在马达停止后仍保持装置稳定的场合都会用到这种机构。

下面这款机器人在制作的过程中就用到了蜗轮蜗杆的电机，因为机器人在运动的过程中要防止机器人下滑，用到电机的"自锁"功能刚好可以防止机器人下滑（图 6.4）。

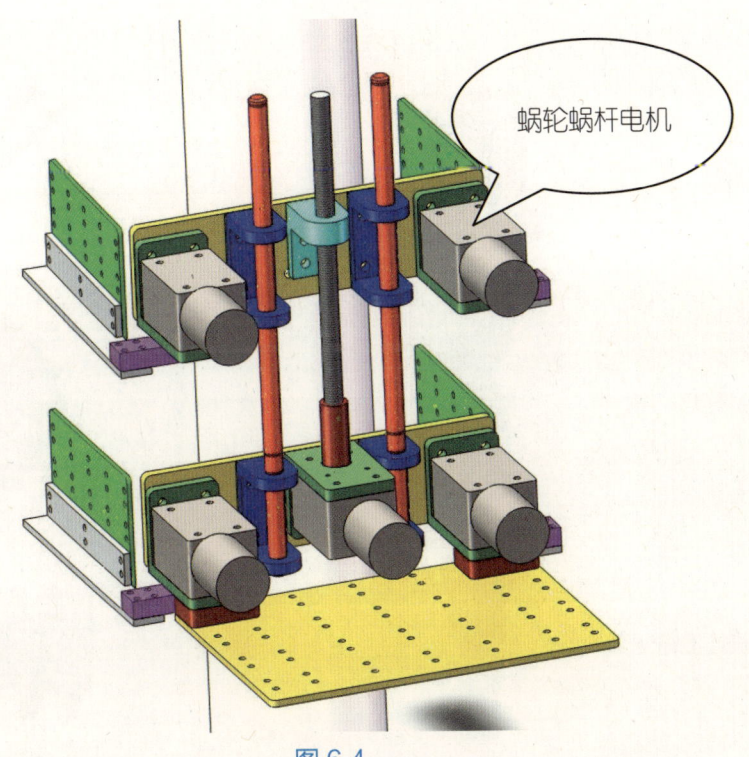

图 6.4

大家如果有新的创意，也可以写在下面：

_____

_____

_____

四、做一做

材料准备

如表 6.1 所示。

表 6.1

名称	形状	名称	形状
黑色 5 孔梁		黑色棱轴	
轴套		灰色棱轴	
白色连接轴		16 齿直蜗轮	
灰色长连接轴		蜗杆	

续表

名称	形状	名称	形状
方形梁			

🔵 模块搭建

模块一：蜗轮连接

首先将连接件连接到蜗轮轴，再将 16 齿蜗轮放到轴上，两侧连接灰色棱轴，用于将齿轮轴固定到底盘上。整个结构前后对称，如图 6.5 所示：

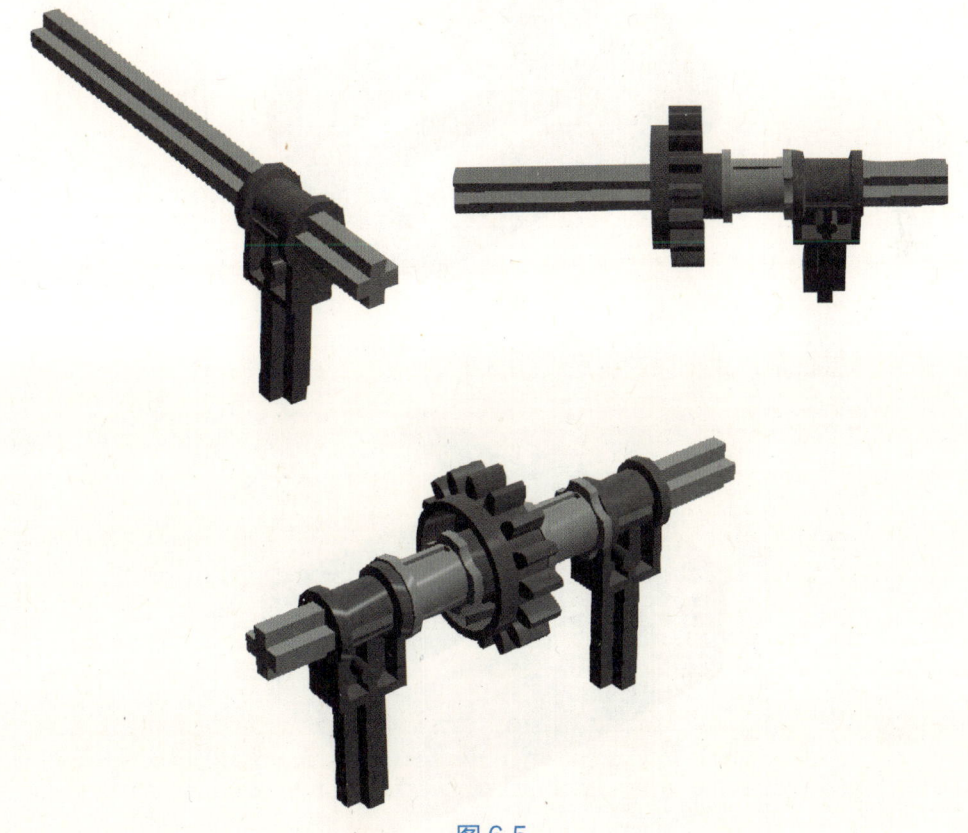

图 6.5

模块二：蜗杆固定到底座（图 6.6）

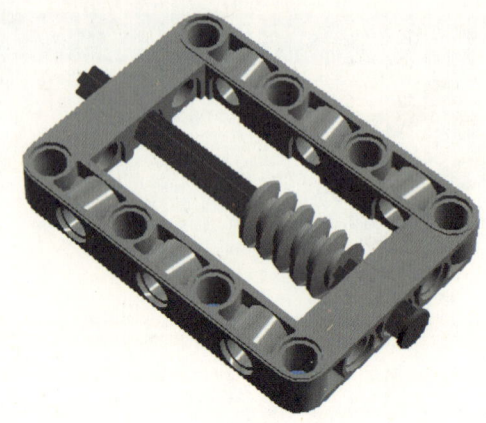

图 6.6

模块三：蜗轮蜗杆装配（图 6.7）

图 6.7

采用两层底座，让底盘更稳定（图 6.8）。

图 6.8

模块四：栏杆连接到齿轮轴（图 6.9）

图 6.9

整体搭建

将四个模块连接即可（图 6.10）。

图 6.10

五、算一算

如果装置中存在蜗杆，我们如何计算传动比呢？其实这个更简单：传动比＝从动轮齿数∶1。为什么会产生这样的传动效果呢？这是由于传动的蜗杆旋转一圈只会带动从动蜗轮转动一个齿的距离。所以要驱动一个 24 齿的从动轮旋转一圈，蜗杆就需要旋转 24 圈，也就是说 24 齿从动轮组合的传动比就是 24∶1。

大家可以修改一下上面的模型，将蜗杆与 40 齿的蜗轮啮合在一起，尝试转动，体会一下扭力的变化。

尽管蜗轮蜗杆的传动方式可以很好地减速，还能够增加一定的扭矩，但是，

事物都是具有两面性的。这种传动方式的缺点是什么呢？传动效率较差。有人预测由于摩擦阻力和沿轴滑动的可能性，蜗杆至少会消耗 1/3 的马达动力（摩擦阻力也是蜗杆不能作为从动齿的重要原因）。如果在大扭矩下长时间工作，摩擦力甚至达到足以让蜗杆发热的程度。在某些场合下，蜗杆是不可替代的，但通常也只会在不得不用的时候才选择它们。

六、想一想

蜗杆传动常用于两轴交错、传动比较大、传递功率不太大或间歇工作的场合。

由于当螺旋升角较小时传动具有自锁性，故常用在卷扬机等起重机械中，起安全保护作用。它还广泛应用在机床、汽车、仪器、冶金机械及其他机器或设备中，如图 6.11，图 6.12 所示，其原因是使用轮轴运动可以减少力的消耗，从而大力推广。

图6.11

图6.12

初识 EV3 电机控制

一、看一看

在我们之前学习的内容中，主要学习了 EV3 结构零件的基本搭建方法以及一些常见的机械结构知识。从本章内容开始，我们将学习 EV3 的控制部分。一个智能机器人应该包含几个主要的组成部分，如机械结构与传动、程序设计与控制、传感器的应用等。机器人是一个复杂的系统，在这样一个复杂的系统中，包含了若干子系统。

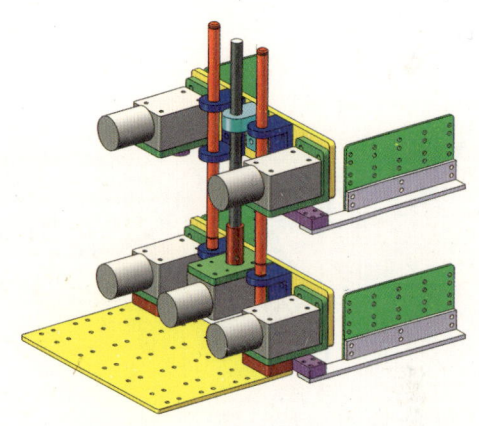

图 7.1

在这一部分的内容中我们将给大家介绍机器人的控制子系统。图 7.1 是一款爬杆的机器人，要想实现机器人的爬杆功能，我们就要对电机进行控制。

任务发布

具体要求

1）制作一款通过中型电机控制的风扇。
2）通过程序对风扇进行方向控制。
3）实现对风扇转动速度的调速控制。

59

二、画一画

电风扇在我们的生活中有着非常重要的应用，在没有空调等设备之前，炎热的夏天人们基本都是靠风扇来进行解暑降温的。请同学们观察一下生活中的风扇，在搭建之前先画出你的设计草图。

三、学一学

生活中的电机

在我们的日常生活中，电机是一种非常常见的设备，它可以将电能转化为机械能，从而带动很多机械去工作。例如，我们常见的停车场的安全杆就是在电机的带动下实现安全杆的抬起和放下。再比如，同学们经常玩的遥控车，也是在电机的驱动下能够按照我们的要求进行运动。在机器人中常用的电机主要有直流减速电机、伺服电机、步进电机等。在EV3的套装中我们主要使用的是直流电机。

初识 EV3
电机控制

请同学们想一想，还有那些领域中用到电机呢？

_____

_____

原理解密

1. 单电机控制程序的学习

首先，我们先来认识一下 EV3 套装中的中型电机和大型电机。图 7.2 和图 7.3 分别是乐高 EV3 中的中型电机和大型电机的外观。从外观尺寸中，我们就可以看到一个稍大另一个稍小。我们可以根据模型的需要进行选择，如果需要大一些的扭矩我们可以选择大型电机。在前面的内容中我们提到，EV3 的套装中用到的都是直流电机，但是由于在电机内部还增加了齿轮，起到了减速的作用，我们又把这样的电机叫做直流减速电机。同时，在 EV3 的电机中还有内置的编码器，用来检测电机转动的状态。例如，通过编码器我们能够知道电机转动了多少圈或者多少度，从而能够方便我们对电机的控制，也能够提高电机控制的准确性。

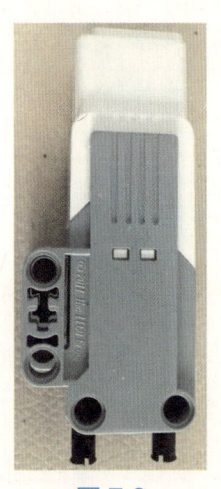

图 7.2　　　　图 7.3

思考

大家可以想一想，我们可以通过什么方式来控制 EV3 的电机呢？

下面，我们来学习一下如何通过软件来实现对电机的控制。首先打开软件，找到绿色的选项卡。图 7.4 为电机控制模块的选项。

图 7.4

在图 7.4 中，我们可以看到电机控制的模块一共有四个，第一个为中型电机的控制模块，后三个为大型电机的控制模块。我们从模块的图片上也能够了解到模块的控制对象。无论是中型电机或者大型电机，他们的控制方式基本是一样的。图 7.5 表示了电机的几种控制方式。

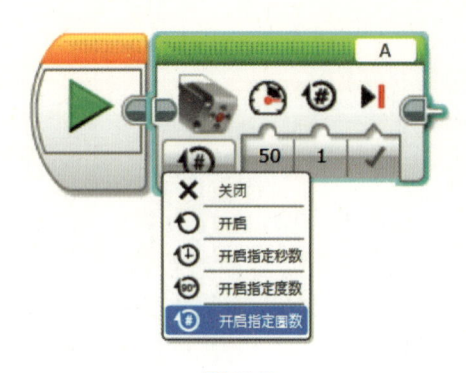

图 7.5

大家可以自己学习一下 EV3 电机都可以通过哪几种方式进行控制。

注意： 在进行程序控制之前，我们要先进行电机硬件的连接，要将电机连接在控制器相应的接口上。在 EV3 的控制器上，一共有四个端口可以进行电机的连接，也就是 ABCD 这四个端口，我们可以把它们统称为输出接口。和 ABCD 相对应的，我们还可以看到有 1234 这四个端口，这四个端口我们可以把它们叫做输入端口，主要用于连接传感器等设备，这些内容我们将在后面的学习中给大家介绍。

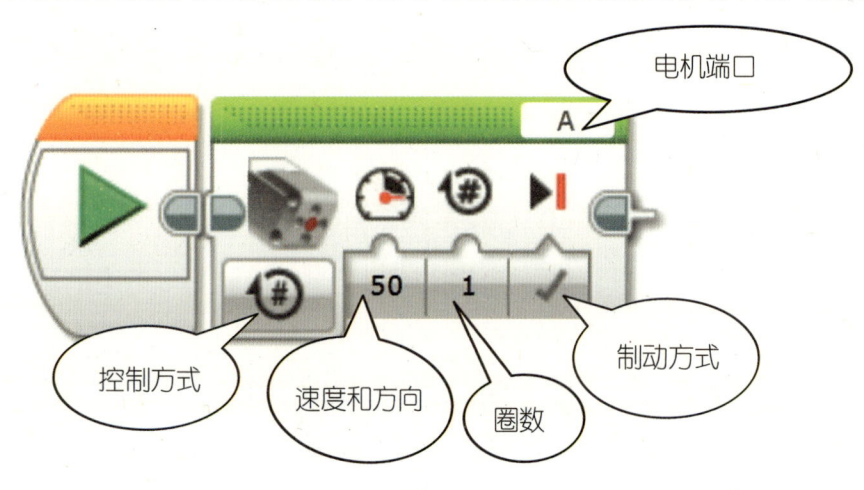

图 7.6

在电机控制中，我们只需要调整一些参数就完成了对电机的控制，在图 7.6 中，标明了电机的控制模块的内容。大家可以尝试一下进行修改，通过表 7.1 我们可以更清楚地了解各种控制方式的不同点。

表 7.1　几种控制方式的比较

控制方式	"50"的含义	"1"的含义	"√与×"的含义
开启指定秒数	速度和方向（"-"表示反方向）	1秒，可以根据需要进行修改	制动方式不同
开启指定度数	速度和方向（"-"表示反方向）	1度，指电机转过的角度	制动方式不同
开启指定圈数	速度和方向（"-"表示反方向）	1圈，可以根据需要进行修改	制动方式不同
开启	模块只单独运行一次，时间非常短，一般只有千分之几秒，单独使用很难看到电机运动。原因是时间太短，电机没有来得及响应。一般需要配合条件和循环使用。		
关闭	使电机处于关闭或停止状态。		

在了解了中型电机的控制方式以后，我们可以自己来学习一下单个大型电机的控制。也就是图 7.7 的模块。

图 7.7

之前给大家介绍的两个模块都是单电机的控制方式，我们可以根据自己的需要来完成相应程序的调整。在刚开始学习的时候建议大家将多种控制方式都进行使用和尝试，然后根据个人的理解和习惯选择一种作为常用的控制方式。当然，大家也可以自己总结一下不同的控制方式在不同任务中的特点，以便可以有针对性地进行选择。

2. EV3 编程软件的基本操作

电机打开 EV3 软件以后，我们要选择新建→程序，这样我们就进入了 EV3 的编程界面（图 7.8）。

图 7.8

软件界面的白色区域是编程区域，我们将下面的一些模块拖拽到白色区域里面，就完成了编程的操作。我们的程序都是通过不同颜色的选项卡来完成选择和操作的。如图 7.9 所示。

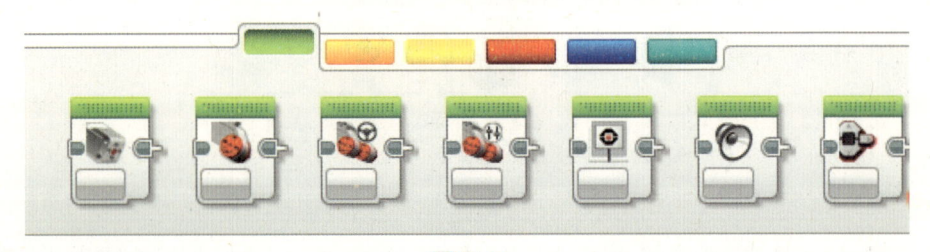

图 7.9

编完程序之后，我们需要使用图 7.10 的按钮完成下载或者在线调试等操作。

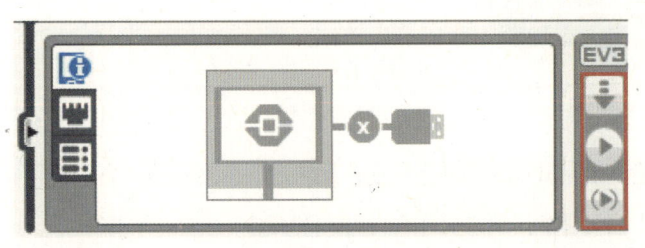

图 7.10

图 7.10 中红框内的三个按钮是常用的下载和调试按钮。第一个按钮可以将程序下载到 EV3 的主控器中，第二个按钮是在线调试，可以看到程序运行的情况，第三个按钮是指定区域的程序运行。

要想完成下载操作，我们还需要将下载线与控制器和计算机进行连接，将下载线的一端连接在电脑的 USB 端口上，另一端连接在 EV3 控制器标有"PC"的端口上。下载之后在控制器的文件夹中找到与软件中文件名相同的文件，运行就可以了（图 7.11，图 7.12）。

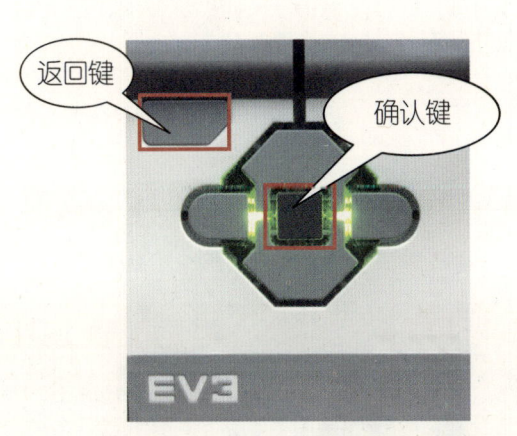

图 7.11 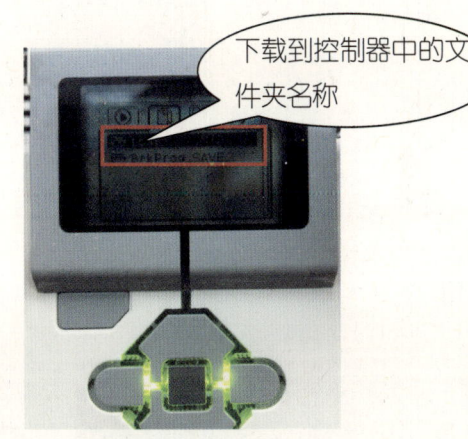　　　　　　　图 7.12

拓展应用

在这一节中，任务是要求大家制作一个风扇，风扇是单电机控制的典型应用。根据我们以往学习过的内容和大家在生活中的经验，我们可以想一想，在生活中的哪些领域还可以用到单电机进行控制？

四、做一做

本节中的任务是要做一个小风扇的模型，大家已经有过草图的设计了，可以按照自己设计的草图进行模型的搭建。我们也可以来分析一下搭建一个风扇的模型可以由几个部分组成，主要包括底座、支架、电机、扇叶等。

思考

在搭建风扇的过程中，首先要保证风扇的稳定性。影响结构稳定性的因素有很多，在搭建的过程中，我们要考虑几个主要因素。

一般而言，影响结构稳定性的主要因素有以下几个：模型重心位置的高低、结构与地面接触所形成的支撑面积、电机在转动起来以后产生的惯性对结构的影响等。因此在搭建的过程中，考虑以上几方面的因素，再学习了这些知识以后，大家可以先修改一下自己的设计图，然后再开始进行搭建。这样，会取得事半功倍的效果。

下面给出两张图片（图 7.13，图 7.14）供大家参考，当然也鼓励大家按照自己的想法完成设计和搭建。

图 7.13 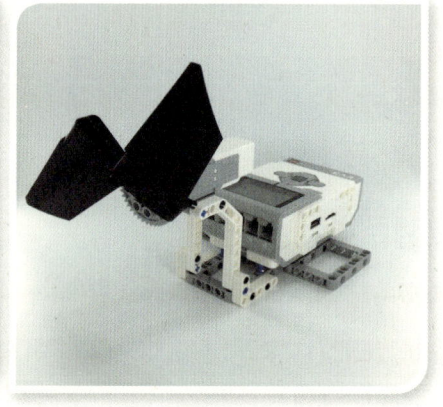　　　　　　　　图 7.14

完成搭建以后，我们开始进行程序设计的工作，首先我们先来制作一个可以调整运动方向的风扇。根据上面讲解的电机控制模块，我们来完成这个简单的程序（图7.15）。

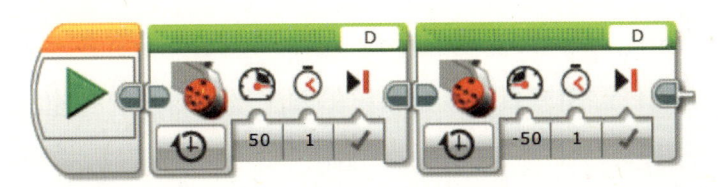

图 7.15

除此之外，我们还可以让风扇不断地加速或者逐渐地减速（图 7.16）。

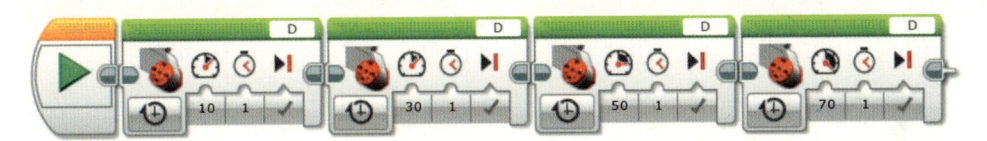

图 7.16

思考

大家可以根据上面程序制作一个自动减速的风扇。

五、算一算

在很多情况下，几种控制方式之间需要进行相互转化，例如，在同样的速度下，电机一秒钟转动了多少度呢？又转过了多少圈呢？大家可以通过下面的表格7.2 来完成一个小实验。

表 7.2

	电机转动的度数	电机转动的圈数	电机转动的秒数
电机转动一秒			
电机转动一圈			
电机转动一百度（一度太少，可以通过换算得出）			

六、想一想

在控制领域中,有两种主要的控制方式,一种称为开环控制,另一种称为闭环控制。所谓开环控制系统就是系统的输出量不对系统的控制产生任何影响。举个例子来讲,我们在本节课程内容中学习的时间控制、角度控制、圈数控制都属于开环控制系统。也就是说,电机只要转到一秒、一圈、一度等就会停止,但是停止的位置是无法控制的。这种控制方式会让程序简单,但是控制精度不够。所以才会有另一种控制方式,也就是闭环控制的方式。关于闭环控制系统的内容,我们会在后面结合传感器的相关内容给大家进行讲解。

了解了开环控制系统的概念以后,同学们可以想想在我们的生活中有哪些地方用到了开环控制的方式,为什么使用这种方式呢?

自动控制轮式小车

一、看一看

在上一课中，我们学习了单电机的控制方式。我们已经能够使用单个电机控制小风扇的转动了。如果再增加一个电机，是否会让我们的程序变得更加灵活多样呢？是否可以制作出功能更加丰富的机器人呢？从本节课开始，我们将以常见的轮式机器人为例，为大家讲解EV3软件中的各个模块的功能。在学习相关程序内容之前，我们先要搭建一款轮式机器人（图8.1）。

图8.1

任务发布

具体要求

1）使用EV3套装中的零件搭建一款轮式机器人，机器人要求结构稳定。
2）使用程序对轮式机器人进行自动控制。

二、画一画

在图 8.1 中，我们给大家展示了一款轮式机器人。搭建轮式机器人的方式有很多种，每个同学的设计也都不同。在搭建之前，我们可以先画出自己心中轮式机器人的草图。

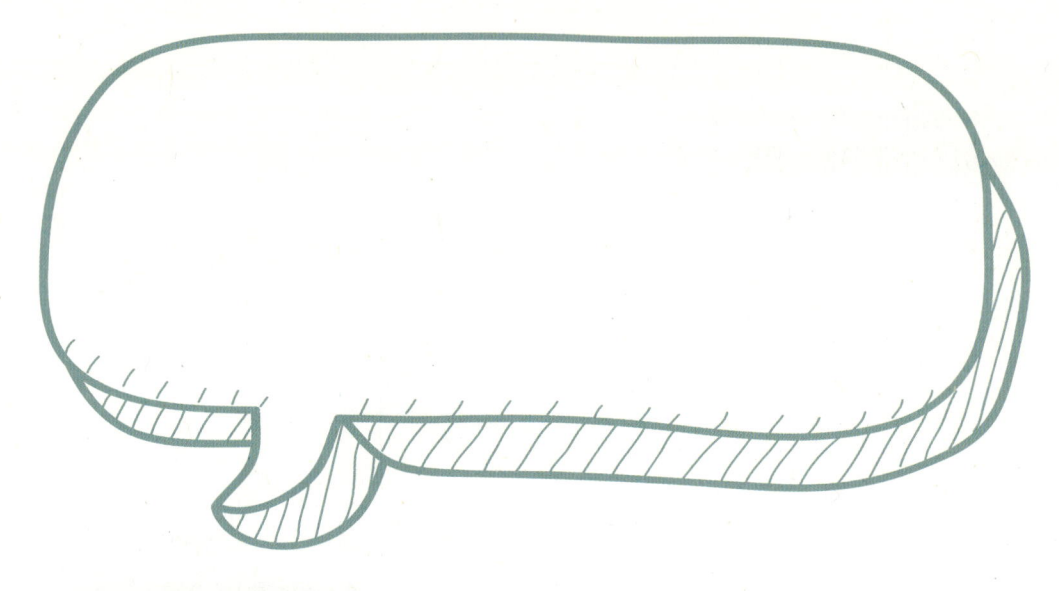

三、学一学

生活中的轮式机器人

轮式机器人是一种非常常见的机器人。有些同学可能参加过各类机器人比赛。比如机器人足球比赛，在青少年组的足球竞赛中大多采用轮式机器人参赛，因为轮式机器人控制相对容易。图 8.2 就是一款足球机器人。除此之外，在管理库房时，我们也都会用到机器人，大多数库房管理的机器人也都采用轮式机器人。除此之外，

图 8.2

自动控制
轮式小车

在很多同学制作的创意机器人中也都使用轮式机器人来完成创意。轮式机器人能够帮助我们完成很多工作，请大家想想还有什么地方可以用到轮式机器人呢？

_____

_____

原理解密

1. 双电机的控制方式

首先，我们打开 EV3 的控制软件。在之前的课程中我们学习了单电机的控制方式。在软件的绿色选项卡中，我们可以找到双电机的控制模块（图 8.3）。

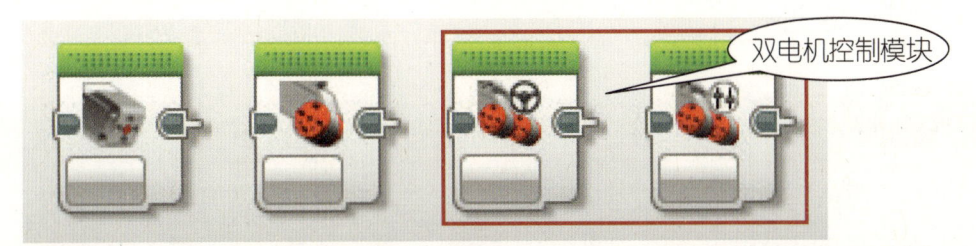

图 8.3

这两个模块都是可以对两个电机进行控制的，也就是说我们的轮式机器人可以在这两个模块的作用下完成前进、后退、左转、右转等基本动作。在前面的课程中，我们已经学会了电机的基本控制方式，即时间、度数、圈数。在两个电机的控制中，也采用这三种控制方式（图 8.4）。

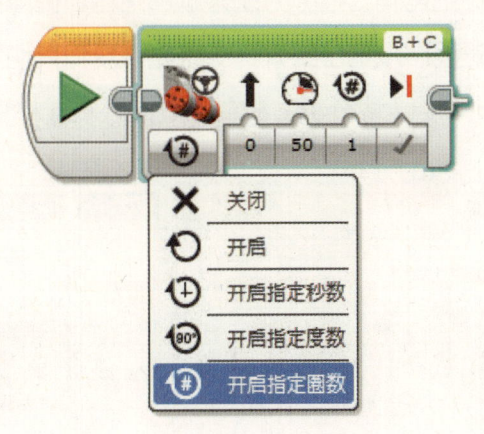

图 8.4

71

既然，两个模块都可以控制两个电机，那么这两个模块又有什么区别呢？

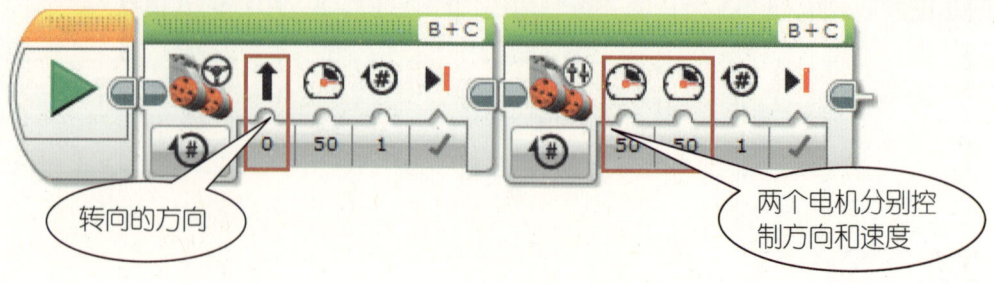

转向的方向

两个电机分别控制方向和速度

图 8.5

通过图 8.5 我们可以看出，移动转向模块是通过箭头的方向来调整两个电机的合成运动轨迹，而移动槽选项是通过单独控制两个电机的方向和速度来实现对两个电机的控制。

> **思考**
>
> 有些同学刚刚接触电机的编程，总会习惯性地认为电机参数正数表示机器人向前运动，负数则表示向后运动，大家思考一下这种想法正确吗？

2. 循环结构模块

在程序设计中，有一些基本的结构。复杂的程序都是由一些基本的结构组合而成的。常见的程序设计结构有三种，分别是顺序结构、循环结构、分支结构。顺序结构最简单，也就是程序从始至终只有一条路，没有其他路径可以选择。分支结构我们在后面的内容中给大家介绍，在本课中我们来给大家讲解一下循环结构。

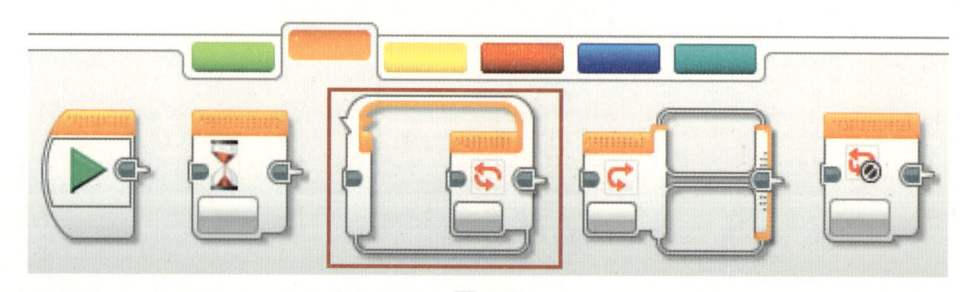

图 8.6

在软件的橙色选项卡中，我们可以看到有循环结构的模块。图 8.6 中红色区域选中的就是循环模块。我们将它拖拽到编程区域，如图 8.7 所示。

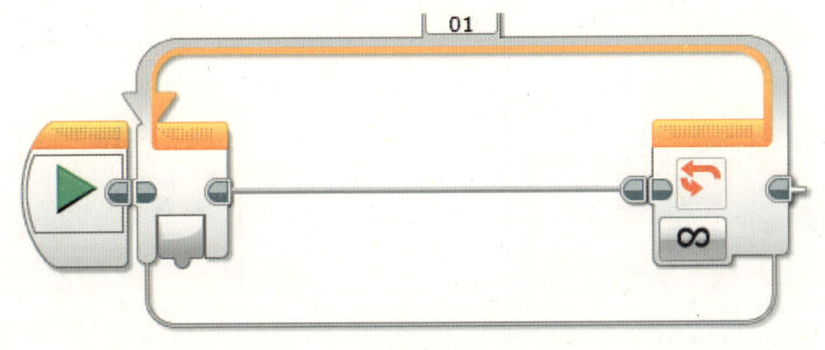

图 8.7

在循环模块中，我们需要完善的是循环的条件，或者是不再进行循环的条件。如图 8.8 的模块中，右下角的无穷符号就表示这是一个无限循环。也就是在循环里面的内容，会被无限循环，而这个循环也没有跳出的条件。

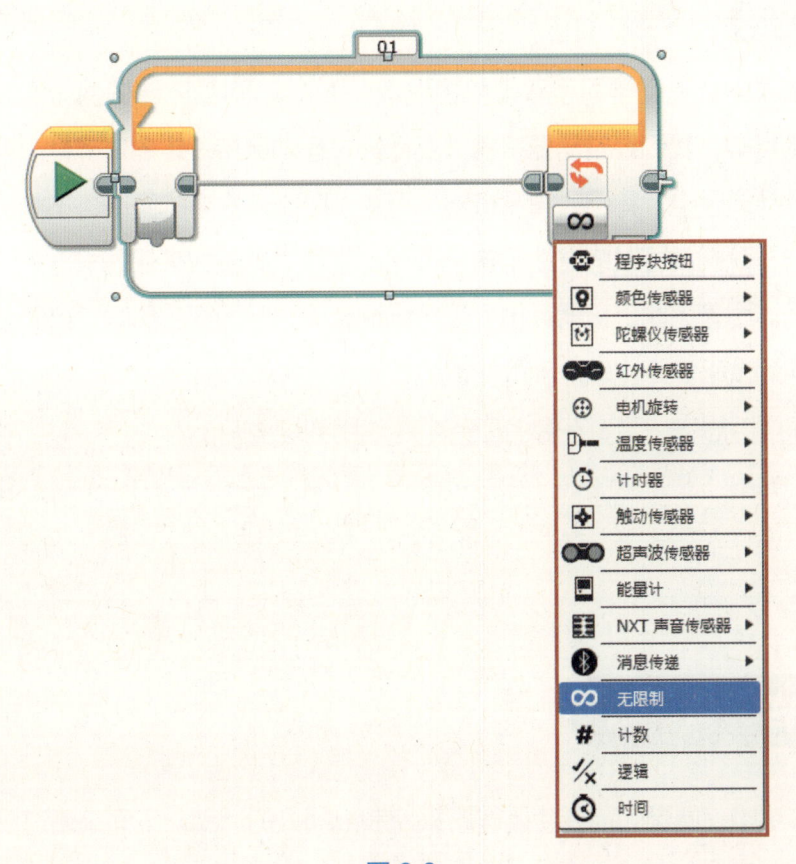

图 8.8

73

在图8.8中列出了各种条件，当程序满足这些条件以后，程序会跳出循环，也就是不再执行循环模块内部的内容。

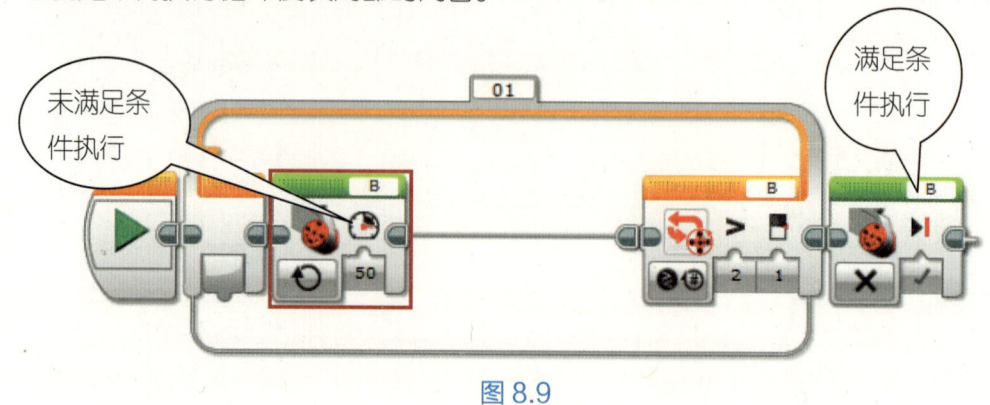

图 8.9

在图8.9中，我们将跳出循环的条件设定为B端口的电机旋转超过一圈。没有达到这个条件的时候，电机将不断地旋转，直到满足这个条件为止。

拓展应用

在本课中，我们学习了双电机控制以及EV3中的循环结构的特征。在一些机器人比赛中，我们经常需要机器人在行经过程中保持一定的准确性。例如，在FLL的竞赛项目中，我们会需要机器人行走一段比较恰当的距离，不能多也不能少。这时，我们就可以考虑使用电机转动的度数或者圈数来保证机器人行进的稳定和精确。尽管如此，机器人也会受到场地摩擦力等因素的影响。这需要大家通过不断地测试来确定比较准确的参数。

大家可以思考一下，在哪些任务中还能用到这些知识？

四、做一做

在本课中，同学们需要使用程序来控制机器人的运动。下面来通过几个任务来进行一下实践。

任务一：通过程序控制机器人走正方形轨迹。

任务分析：我们已经学习过两个电机的控制模块了，在此项任务中，可以选择两个不同的模块来完成任务。其中，在左转和右转的动作中，可以有不同的实现方式。例如，左转可以让机器人的左轮停止，右轮向前移动；还可以让左轮向后转，右轮向前转；还可以使用差速的方式，使右轮的速度明显高于左轮。这几种方式有不同的效果，大家可以自己尝试一下。下面给大家提供一个参考程序。希望大家能够使用更多不同的方法来实现这个任务（图8.10）。

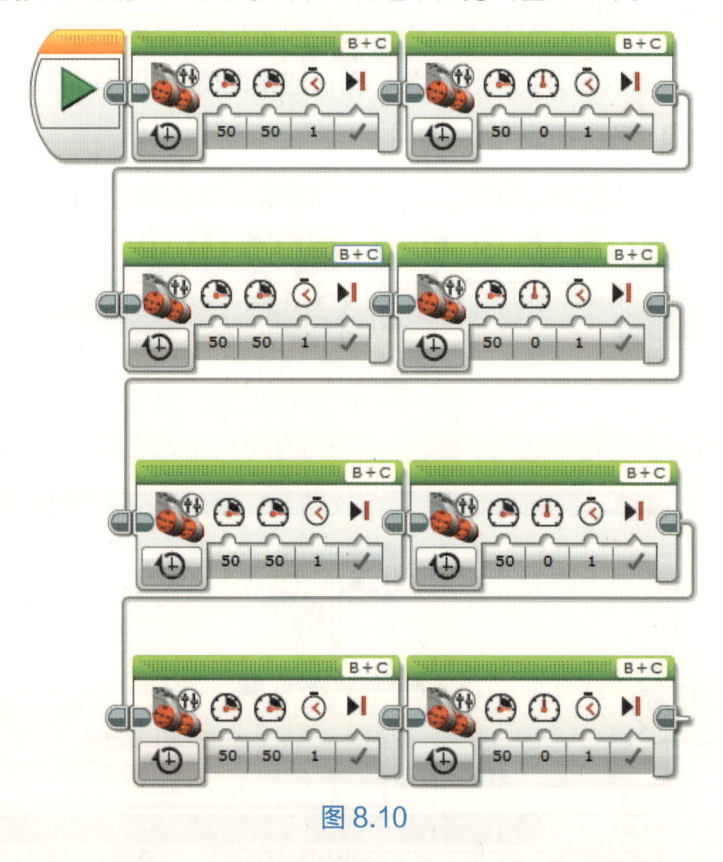

图 8.10

> **思考**
>
> 这个程序是初学者比较容易想到的一种程序设计方法，虽然可以完成任务但是比较复杂。大家可以思考一下，有没有更加简单的方式能够完成这个任务呢？没错，在本节课程中我们还学习过循环结构。是否可以考虑利用循环结构来完成这个任务呢？

了，机器人还没有来得及运动就已经执行完了。那么这个模块执行一次的时间是多久呢？我们来计算一下。

因为这个模块执行一次的时间过短，我们无法记录，所以我们将它执行的时间放大，然后通过计算得出模块运行一次的时间（图8.16）。

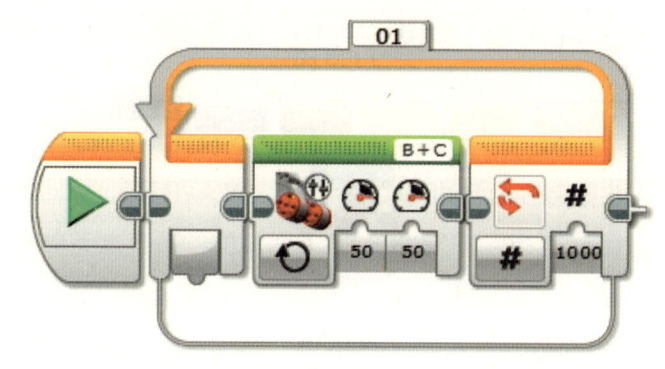

图 8.16

六、想一想

在这一节课的内容中，我们主要学习并应用了双电机的控制方式，还了解了循环结构的基本知识。在后面的学习中，我们会经常用到这些内容。在 EV3 套装中，给大家提供多种尺寸的轮胎，供我们选择。在一些竞赛中，我们可能要控制机器人前进或者运行一段特定的距离，例如，12 厘米。那我们怎么来进行选择呢？大家可以思考一下，并通过程序进行尝试。

键控机器人

一、看一看

按键在我们的生活中是一种非常常见的电器设备，有时候我们又把按键称为按钮。电灯、电视、音响等家用电器的设备开关都是按键。在之前的课程内容中，我们已经了解了EV3控制器上有几个常用的按键。例如，开机键、导航键等。这些按键除了一些基本功能以外，是不是还可以用来控制机器人的动作，变成机器人运动的开关呢？在本节内容中，我们将通过EV3控制器上的程序块按键来学习一些新的程序内容（图9.1）。

图9.1

任务发布

具体要求

1）使用EV3程序块按钮对机器人进行控制。
2）在机器人运动的过程中能够发出声音。

们也可以通过程序控制来编写声音的程序。如果有的同学音乐基础比较好，还可以自己编出简单的乐曲来（图 9.10）。

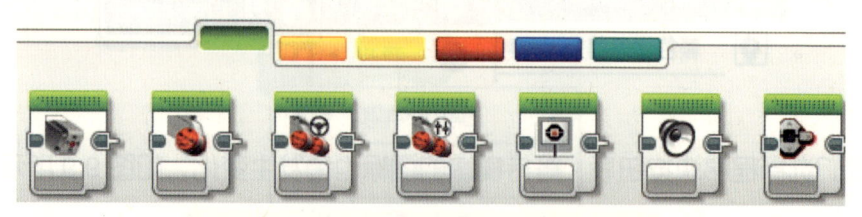

图 9.10

我们将声音模块拖拽到编程区域内，在声音模块的右上角，我们可以对声音模块进行选择（图 9.11）。

图 9.11

在声音模块右上角的选项卡中，我们可以看到有三个选项可以选择。我们可以选择 LEGO 声音文件，里面已经为用户内置了许多声音。

当我们点击模块的左下角的时候，还可以看到一个下拉菜单（图 9.12）。

图 9.12

点击"播放音调"的选项时，我们会看到声音模块如图 9.13 所示。

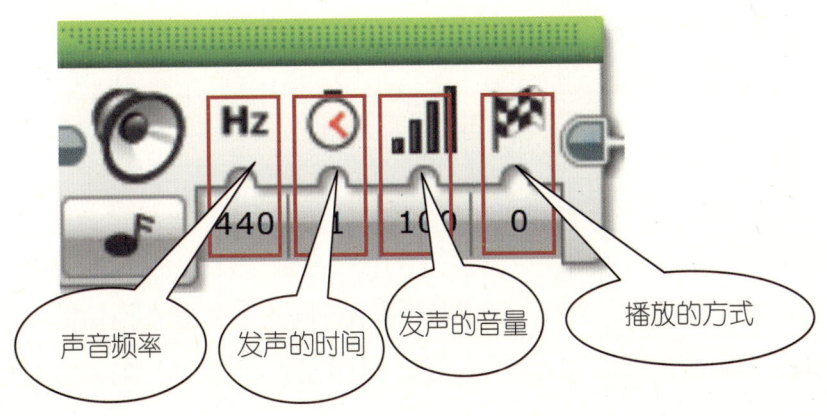

声音频率　　发声的时间　　发声的音量　　播放的方式

图 9.13

我们可以根据自己的需要来调整这些参数，从而满足程序的需求。点击下拉菜单的第三个选项，还可以自己"谱曲"。大家可以在琴键上设置各种音符（图9.14）。

图 9.14

在 EV3 的控制器上有一块液晶屏幕，我们可以通过液晶屏来显示一些信息，常用的是显示传感器的返回值。要显示传感器的返回值有两种方法，一种方法是通过控制器自身的 "port view" 来观看数值，另一种方法是可以通过编写一段简单的程序来实现。下面就简单介绍一下第二种方法（图 9.15）。

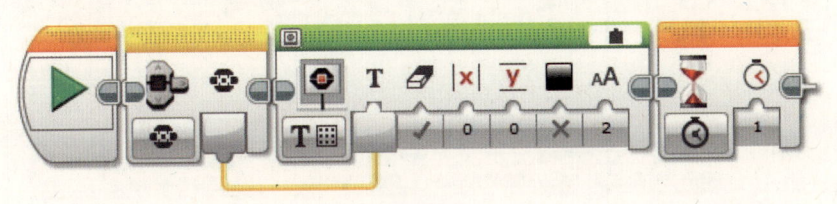

图 9.15

这段程序模块的内容是，将程序块按钮的状态值显示到液晶屏幕上，并持续一秒钟。这里面用到了一个"数据线"，也就是那根黄色的线段。它的意思是将程序块按钮的状态"传送"到屏幕上。"x,y"则表示显示的状态值在液晶屏幕上所处的位置，也就是一个平面的坐标。

拓展应用

随着学习内容的不断深入，我们能够完成的任务也变得更加丰富。相应的程序出现问题和错误的概率也会增加。由于程序在运行的过程中，我们无法看到程序模块，所以经常会苦恼问题到底出现在哪个程序模块上。这个时候，我们就可以借助声音模块来给我们进行提示。我们可以在程序块的不同位置加入声音模块，我们可以根据声音来判断程序执行到了哪一段，和我们预期的位置是否一样。这种方法可以帮助我们检查程序的错误位置。

四、做一做

任务一：通过程序块按钮的上键、下键、左键、右键来控制机器人进行四个方向的运动。也就是按上键机器人向前运动一秒，按下键机器人向后运动一秒，依次类推，并循环执行。

任务分析：在这个任务中，我们需要用到等待模块，等待模块的特点是先判断再执行。所以我们要让程序先进行按键的判断，然后再执行相应的动作（图9.16）。

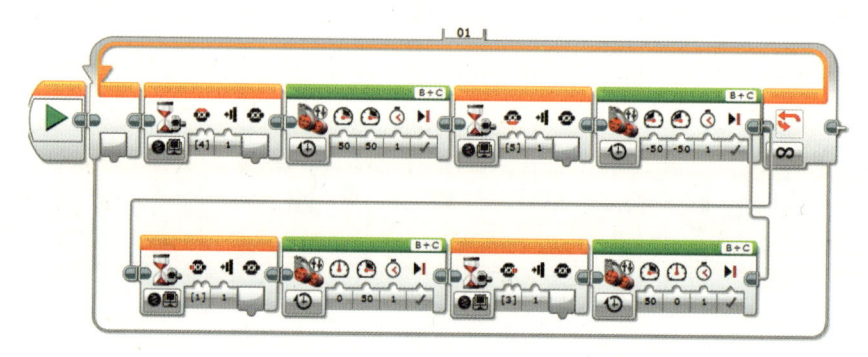

图 9.16

键控机器人

> **思考**
>
> 在这个任务中，我们可以实现按键对机器人运动方向的控制，但是有的同学可能已经发现了，运动方向必须按照顺序来实现。有没有可能让我们能够随意地按键，机器人就执行相应的动作呢？大家可以思考一下，这个程序应该怎么实现呢？

我们可以通过以下程序来实现上述功能（图 9.17）。

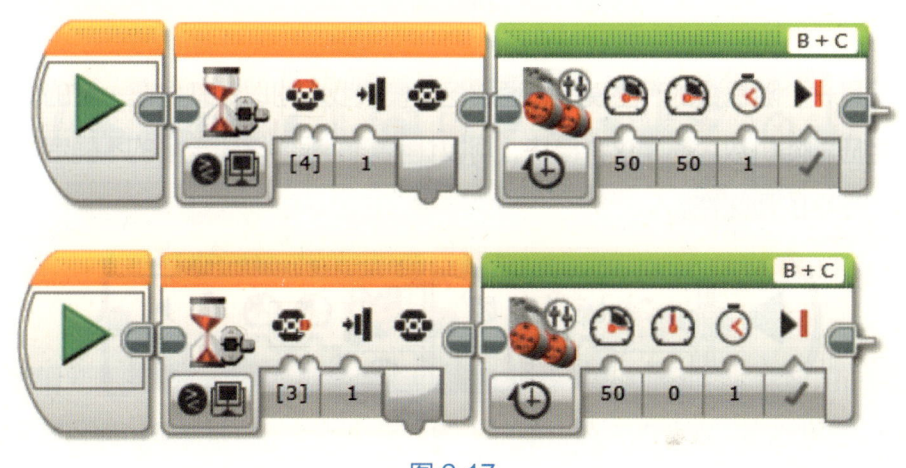

图 9.17

大家可以按照这个思路来尝试一下，看看是否能够实现随机的效果。

任务二： 通过程序块按钮输入密码后启动机器人。我们在编程时，预先设置密码，例如密码为"上、右、中"依次按下。在这个任务中，同学们还可以互相猜测密码。可以由一个同学设置密码，另一个同学在机器人上进行操作，密码正确机器人会运动起来，错误则不动。

任务分析： 设置密码的按键应该依次判断，必须是按照顺序结构依次执行下来的（图 9.18）。

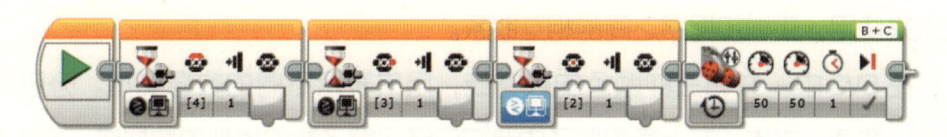

图 9.18

认识颜色的机器人

一、看一看

在这一节的内容中，我们将学习一款在乐高机器人中非常经典，同时也是非常常用的传感器。如果有同学参加过机器人竞赛，一定对这款传感器不陌生，它就是颜色传感器（图10.1）。我们经常会在一些机器人竞赛中看到有机器人巡线的竞赛项目，机器人会沿着一根黑色的导航线前进。这都是通过颜色传感器来实现的（个别领域也有用到磁导航的）。在学习传感器的知识之前，我们先来对之前搭建的轮式机器人做一个改变，要将颜色传感器安装到机器人上（图10.2，图10.3，图10.4）。

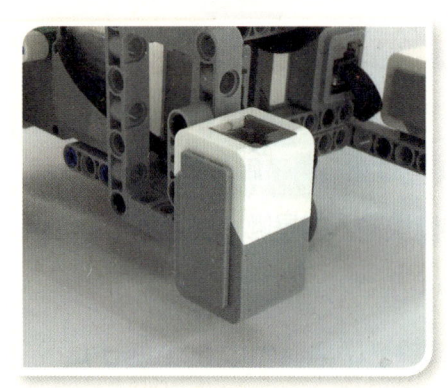

图 10.1

图 10.2 　　　　图 10.3 　　　　图 10.4

认识颜色的机器人

任务发布

具体要求

1）学会使用颜色传感器并通过程序控制完成任务。
2）学会使用分支结构进行程序设计。

二、找一找

在前面的介绍中，我们了解了颜色传感器能够帮助机器人识别出各种颜色。在 EV3 软件的例程中，就有颜色传感器的典型应用。机器人可以分辨出不同颜色的积木，根据程序进行相应的处理。大家可以查阅一下资料，在哪些领域中还用到了颜色传感器？

_____
_____
_____
_____
_____

三、学一学

生活中的光电传感器

图 10.5 就是一个非常典型的光电传感器，在我们的日常生活中也有很好的应用。例如，在一些自动门的侧面就安装有这样的光电传感器，以保证自动门在关闭的过程中不会夹伤人。除此

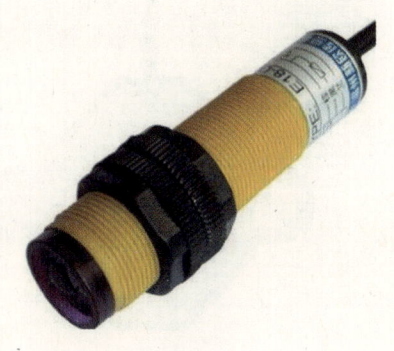

图 10.5

之外，在一些电梯的门上也安装有光电传感器，起到同样的作用。

思考

大家可以通过日常生活中的观察，寻找一下我们生活中还有哪些装置中用到了光电传感器。

原理解密

1. 颜色传感器的基本操作

乐高 EV3 的颜色传感器也属于光电传感器的范畴，只不过我们用到的传感器更加综合。可以将多种功能集于一身。这款光电传感器能够测量环境光线的状态、颜色，以及反射光的强度。在使用的过程中，我们可以根据自己的需要来进行选择。其工作原理简单来讲就是，颜色传感器一端发射，一端接收，接收端将接收到的光信号转变为电信号输入给控制器，实际上就是根据接收端接收到的光线强弱来进行判断。

在前面的内容中，我们给大家讲解过液晶屏的使用方法，在这里我们可以运用原来学习的知识，通过程序的控制将颜色传感器的数值显现在液晶屏上。其实还有另外一种方法，可以让我们更加快捷地查看到乐高控制器上各个端口的状态值，如图 10.6 所示。

我们可以在"等待"模块中看到颜色传感器的三个不同选项。当我们选择不同的选项时，颜色传感器也会产生相应的变化。大家可以通过观察颜色传感器的发射端发现变化。由于颜色传感器是输入设备，所以我们在使用时，要将传感器连接在 1—4 的输入端口上。

选择不同的模式需要调整不同的参

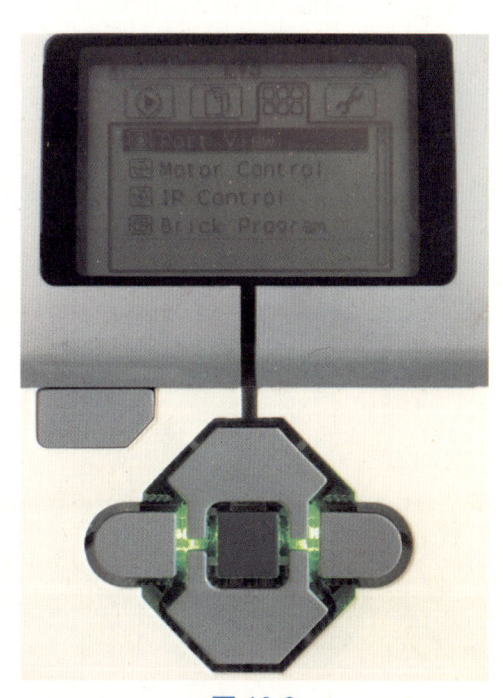

图 10.6

数，下面我们通过表 10.1 来依次给大家做一个介绍。

表 10.1

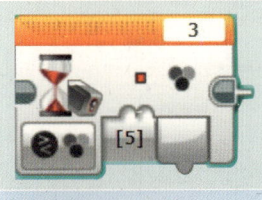	在这个模块中，我们可以使用传感器来识别颜色。【5】表示要识别的颜色。
	这个模块可以测量传感器的反射光强度。也可以用它来检测颜色，尤其是一些不太标准的颜色。我们可以通过传感器的反射光强度来识别颜色。
	这个模块与上面一个模块类似，可以识别环境光线的强与弱。

在上表中的后两个模块中，都有一个"<"的符号，后面还有一个数字。这是什么意思呢？其实，数字表示的含义是"阈值"，也就是一个分界值。例如我们要让传感器判断不同的颜色，那么我们可以设定一个阈值来区分黑白。那么，这个值应该怎么获得呢？最简单的方法就是，通过测量出黑色和白色的不同数值，求平均数而获得。

> **思考**
>
> 大家可以思考一下，如果使用颜色传感器去测量黑色和白色两种颜色，哪一种颜色的数值会大一点呢？为什么？

2. 分支结构的设计

分支结构是程序设计中非常常用的一种结构，我们可以使用分支结构进行条件判断。经过判断以后，我们可以让程序执行不同的内容。图 10.7 就是分支结构的模块图标。

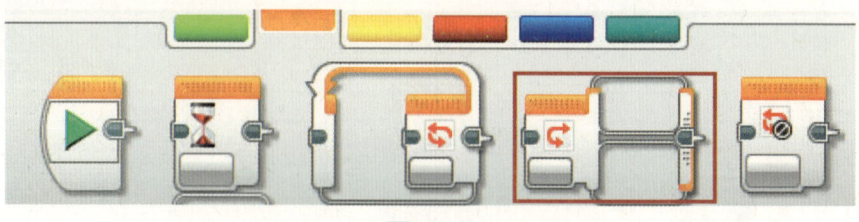

图 10.7

下面我们来看一下分支结构的使用方法，以反射光强度选项为例进行介绍（图 10.8）。

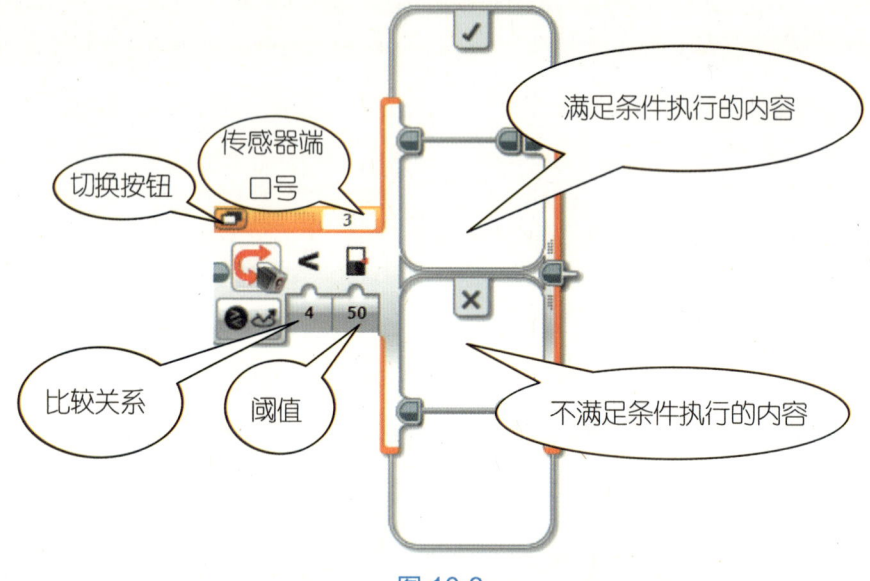

图 10.8

选择切换按钮后模块会变得更小（图 10.9）。

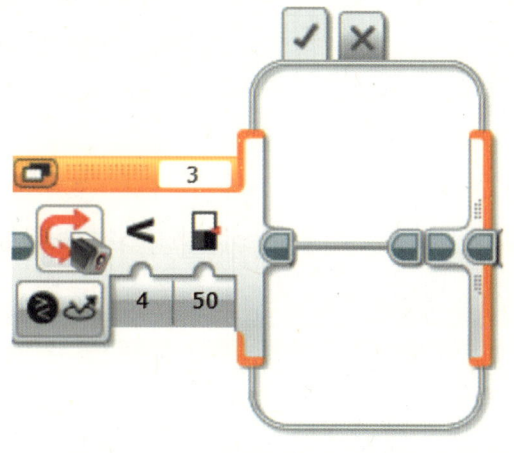

图 10.9

分支结构经常与循环结构，尤其是无限循环组合起来使用。例如下面的程序（图 10.10）：

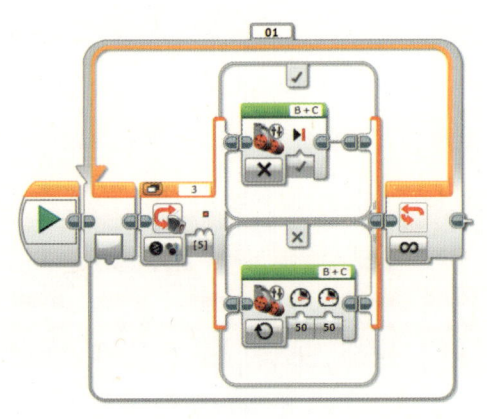

图 10.10

此程序运行的效果是，传感器如果检测到红色则机器人停止运动，否则机器人便会一直不断向前运动。有的同学可能发现这样使用分支结构我们只能判断数值是否大于或者小于某个数值，那么我们是否可以判断某一个区间的数值呢？来看图 10.11 所示的例子。

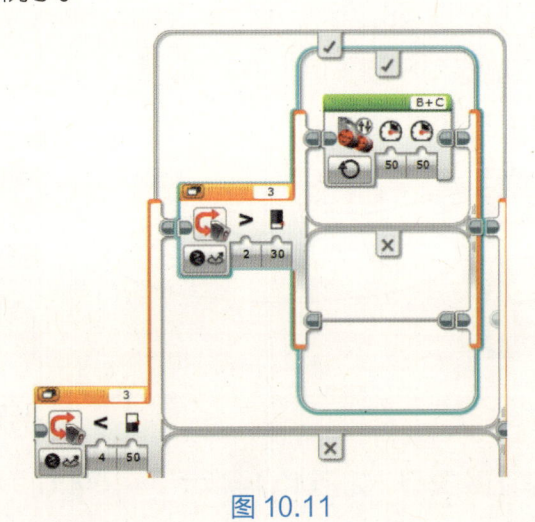

图 10.11

程序通过两次判断，第一次判断是否小于"50"，满足以后再判断是否大于"30"。这样我们就能够判断一个区间的数值了。

3. 变量的基本操作及应用

在本节课中，我们给大家介绍一个比较重要的概念——变量。学习了变量的知识以后，可以让我们的程序变得更加灵活，机器人能够完成更多复杂的任务。在乐高 NXT 的编程软件中，把变量比作"容器"，这个比喻很形象。既然是变量，就是在不断发生变化的量。例如，我们本节课中给大家介绍的颜色传感器，随着颜色、光线等因素的变化，传感器的测量数值会不断发生变化。这些不断发生变化的值我们要给它找到一个存储的空间，这就是变量。我们可以看到在红色的选项卡中有变量模块（图 10.12）。

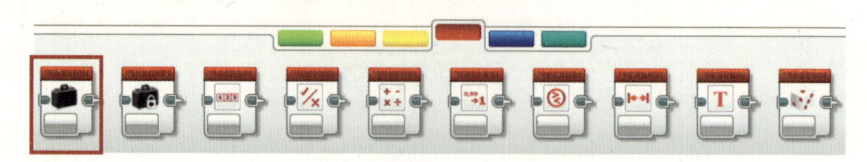

图 10.12

选择这个模块以后，我们要给变量起个名字。就像我们每个人都有自己的名字一样，这个名字的开头只能用字母或下划线。在给变量起名字的时候，最好起一个有意义的名字。例如，touch、light 等。这样任何人看到这个变量都能够猜出它所表达的含义。因为在程序设计的过程中，我们可能会用到好多变量，如果不能够从变量名中了解到变量的含义，会让我们编起程序来很麻烦。所以，最好在学习变量之初就养成这个好习惯（图 10.13）。

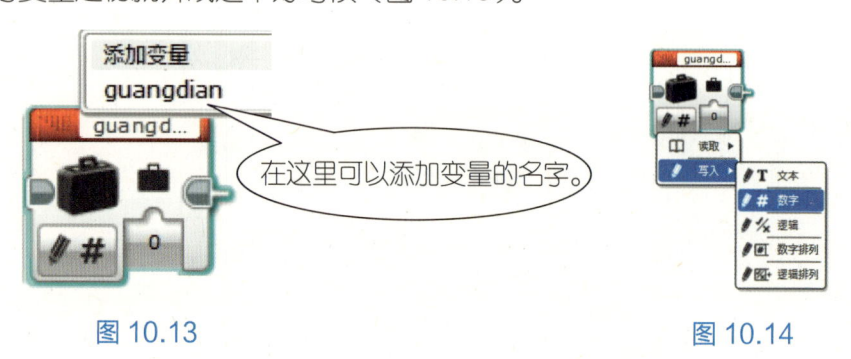

图 10.13　　　　　　　　　　图 10.14

在软件中变量有五种类型，如图 10.14 所示。在变量模块中，我们可以看到有两个功能，一个是读取，另一个是写入。写入的意思是将数值存储到变量中，读取则是要将数据从变量中读出来。

拓展应用

学习了颜色传感器以后，我们可以制作出很多具有创意的小作品。例如，有同学曾经使用颜色传感器检测环境光线的功能制作了一款具有自动感光功能的台灯，台灯的亮度会随着外界光线的变化而变化。这样台灯就可以自动开关了（图 10.15）。

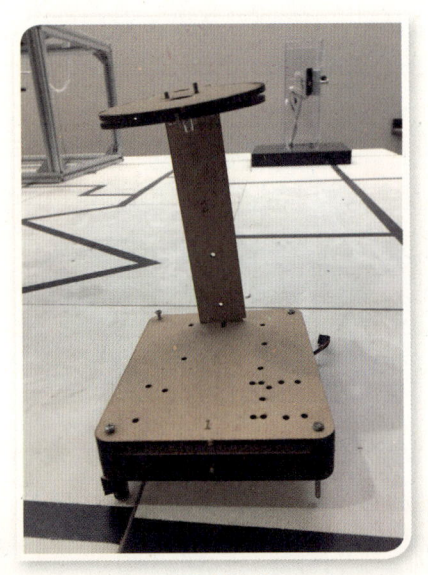

图 10.15

四、做一做

任务一： 让机器人能够按照黑色轨迹前进，在一圈之内不要脱离轨迹。

任务分析： 在 EV3 的套装中，给我们提供了一个颜色传感器，我们可以使用这一个传感器完成机器人循迹的任务。我们还可以根据场地任务来实现策略的选择，可以让机器人在黑色轨迹上前进，遇到白色则转弯（图 10.16）。

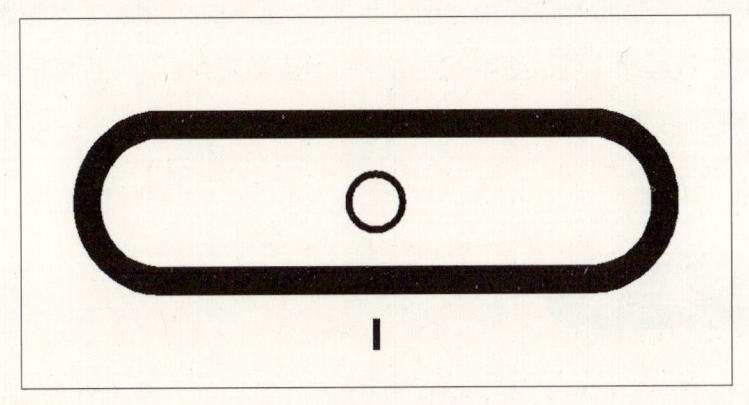

图 10.16

思考

我们使用一个传感器实现机器人的巡线，要注意什么问题呢？如何才能保证机器人在调整的过程中不会原地转圈呢？

下面给大家一个例程，在调试的过程中大家要根据自己机器人出现的问题进行灵活调整。例程中采用差速转弯的方式，也就是让机器人在转弯时左右两个轮子速度不同，从而实现调整（图10.17）。

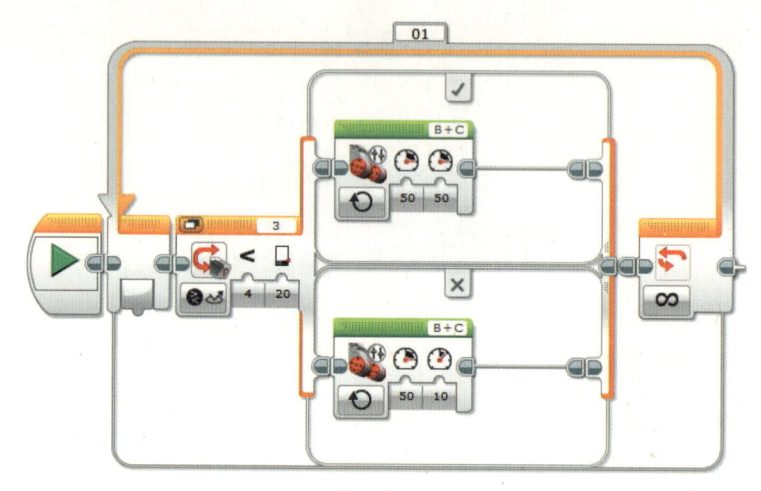

图 10.17

任务二：制作一款移动电子琴。要求机器人在识别到不同程度的灰度时，控制扬声器发出不同的声音。

任务分析：在完成程序设计之前，要对不同灰度进行测量，然后通过分支结构进行判断。在程序中可以使用前面讲到的分支多次判断，从而能够实现检测灰度在不同的区间范围内。

五、算一算

在我们使用光电传感器的过程中，同学们不难发现，同样的传感器有的同学测量数值大一些，有的同学测量数值则小一些。下面我们就来探究一下，距离与数值的关系。需要注意的是，在实验过程中尽量保持每次实验条件一致。例如，每次都是用传感器照射到黑色物体上。

实验结果可以填到表 10.2 中。

表 10.2

实验	距离	传感器数值	数学运算关系
第一次实验	3 厘米		
第二次实验	6 厘米		
第三次实验	10 厘米		
第四次实验	15 厘米		
第五次实验	20 厘米		

六、想一想

学习了光电传感器以后，有许多同学都围绕光电传感器制作出了许多创新作品。图 10.18 中这个作品使用光电传感器来记录 CD 光盘的存储位置，在每一个 CD 槽下面都有一个用来检测的传感器（图 10.19），从而让我们能够更加快捷地找到我们想要的光盘。

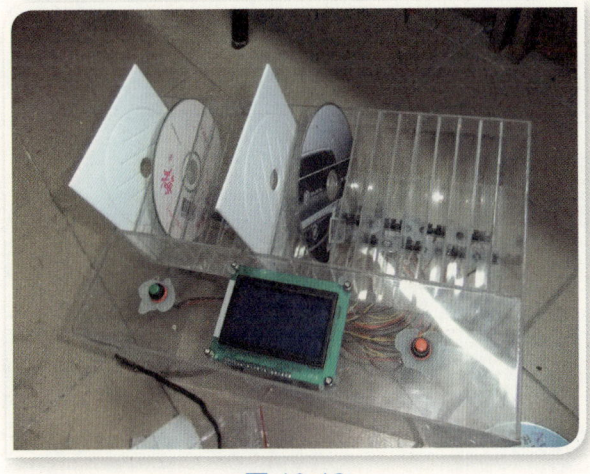

图 10.18

图 10.19

"跟屁虫"机器人的制作

一、看一看

在家用轿车上，都有这样一个安全装置（图11.1）。在倒车的时候，会发出"滴滴滴滴"的警报声音。随着轿车离障碍物的距离越近，声音的频率会越快，从而提示司机注意。没错，这就是倒车雷达。其实，倒车雷达也是一种传感器，在这一章的内容中，我们将学习一款新的传感器——超声波测距传感器。在学习程序之前，需要同学们先把超声波传感器安装在机器人身上。超声波传感器的外形就像人类的两只眼睛，所以很多地方都把超声波传感器当作眼睛来使用（图11.2）。

图 11.1

图 11.2

任务发布

具体要求

1）了解超声波传感器的工作原理，会用 EV3 编程软件完成超声波传感器程序设计。

2）能够制作一款"跟屁虫"机器人。

二、找一找

我们已经了解到轿车的倒车雷达属于超声波传感器，同时也是超声波传感器的一个典型应用。除此之外，在我们生活中还有一些领域也用到了超声波传感器，比如地下停车场的车位空余提示，就是通过超声波来检测车位是否被占用。再比如，有一些体检机构使用超声波传感器来测量人的身高（图11.3）。大家可以思考一下，生活中还有哪些地方会用到超声波传感器呢？

图 11.3

三、学一学

生活中的超声波传感器

人们常说，科技的进步是被"懒惰"的人推动的。人们时常会觉得扫地或者打扫卫生是一件非常令人头疼的事情，于是，近些年人们发明了一款"扫地机器人"（图11.4），这款机器人能够帮助人们打扫房间的地面。在打扫地面的同时，还能保证不会碰到房间里面的陈列家具，机器人是如何实现的呢？没错，就是用到了超声波测距传感器，

图 11.4

101

保证机器人能够在比较狭小的空间中规划出一条可以避开障碍物的通道。

原理解密

1. 超声波传感器的基本知识及程序设计

所谓超声波传感器就是利用超声波的特性而制成的一种传感器，超声波是频率高于声波的一种机械波。我们都知道人类能够发明超声波传感器是源于对蝙蝠的观察。蝙蝠能够在黑暗的空间感知到障碍物的存在并不是靠眼睛，而是通过不断地发射超声波，从接收到的回波中判断障碍物的位置。因此，我们也可以把超声波传感器理解为仿生类的传感器。

在使用超声波传感器的时候，我们可以与之前学习过的各个模块进行组合使用，例如，可以与等待、分支、循环等配合使用。如图 11.5 所示。

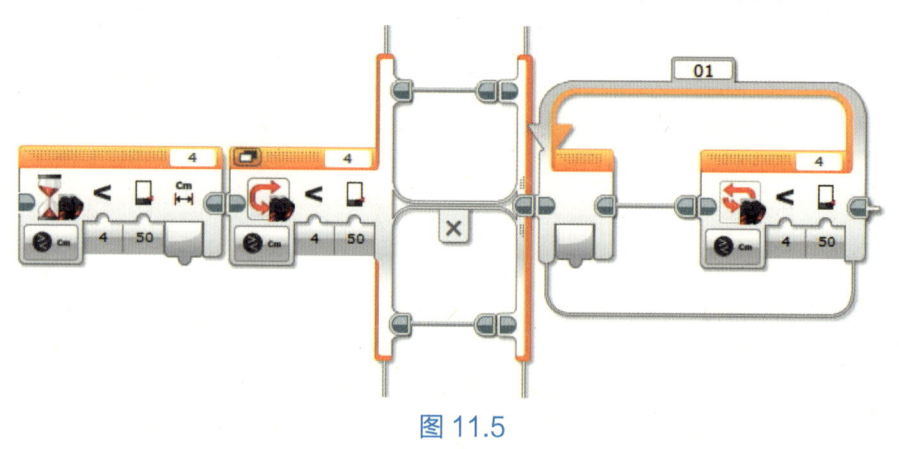

图 11.5

注意：在使用超声波传感器进行距离测量的时候，我们习惯使用厘米作为单位，在选择时需要注意，不要用错单位。

思考

我们使用超声波传感器进行距离测量的时候会发现，传感器并不是从 0 开始测量的。一般我们需要从 5 厘米以上开始测量，也就是说 5 厘米以下有可能是测不到的。除此之外，传感器最远的量程也有上限。一般在 2 米左右。大家可以思考一下，为什么会出现这样的现象呢？

在传感器的选项卡中，我们也可以找到超声波模块，例如，我们可以把超声波的测量距离存入变量中，以备后面可以正常使用（图11.6）。

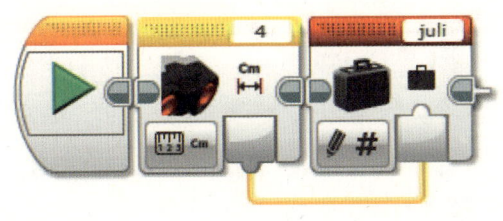

图11.6

2. 常量模块的使用

在上一节的内容中，大家学习了变量模块的使用方法。变量是相对于常量来说的，所谓常量也就是一个固定的值，这个固定的值在程序设计中有什么作用呢？我们来看下面的例子（图11.7）。

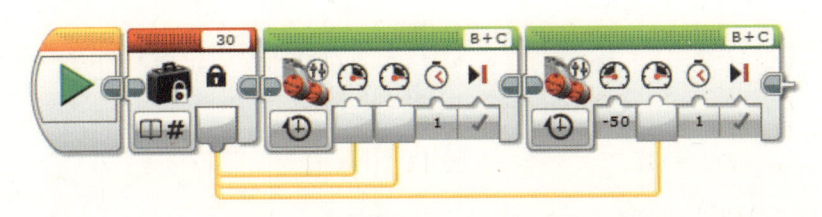

图11.7

我们将常量的值设定为30，然后将30这个数字赋给电机的速度。这样我们就能够很容易了解到常量的优势了。在上面的程序中，我们如果想要改变电机的速度值，只需要改变常量的数值就可以了。如果没有这个常量值我们就要像以前一样，每一个数值都要去改变，非常不方便。使用了常量的模块以后，我们可以提高程序修改的效率。

3. 数学运算模块

在EV3的软件中，给大家提供了一个数学运算模块（图11.8）。我们可以使用这个数学运算模块完成常用的数学运算，例如，加、减、乘、除、开平方等运算，从而使我们的程序能够做得更加灵活。

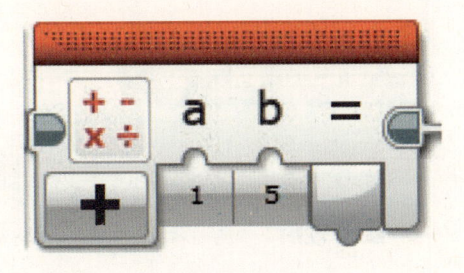

图11.8

这个模块一般不单独使用，需要结合程序中的其他内容共同来实现相应的任务。我们来看下面的例子（图11.9）。

图 11.9

这个程序将超声波传感器的数值减去 5 以后，在液晶屏幕上显示出来。通过点击模块的左下角，我们可以看到此模块能够实现的数学运算功能。如果要实现更多更复杂的计算功能，我们可以使用运算模块的高级功能（图 11.10）。

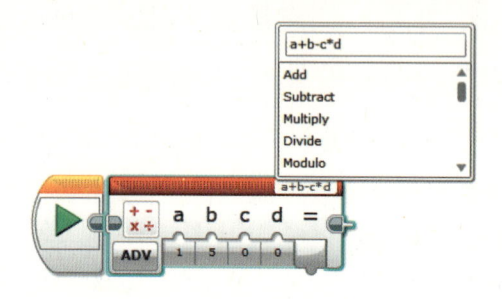

图 11.10

使用这个模块我们可以自己设计运算的方法。

拓展应用

在上面的内容中，我们给大家介绍了很多种超声波传感器的典型应用。其实，学习了超声波传感器以后，我们还可以提出很多有意思的创意。比如，有的同学用超声波传感器帮助盲人制作出了一款具有语音提示的智能拐杖。遇到障碍物以后，拐杖可以提示盲人。

四、做一做

任务一： 制作一款能够实现跟随功能的机器人。

任务分析： 使用超声波传感器实现机器人的跟随效果。我们可以考虑设定一个固定的距离，比如 15 厘米。如果传感器检测的距离大于 15 厘米机器人则前进，如果检测的距离小于 15 厘米机器人则后退。由于只有一个超声波传感器，我们在这个任务中只考虑一维方向上的运动。因为机器人的距离是在不断发生变化的，所以我们需要使用循环和分支结构，来完成程序设计（图 11.11）。

> **思考**
>
> 我们考虑了大于和小于 15 厘米的情况，为什么没有考虑刚好等于 15 厘米的情况呢？

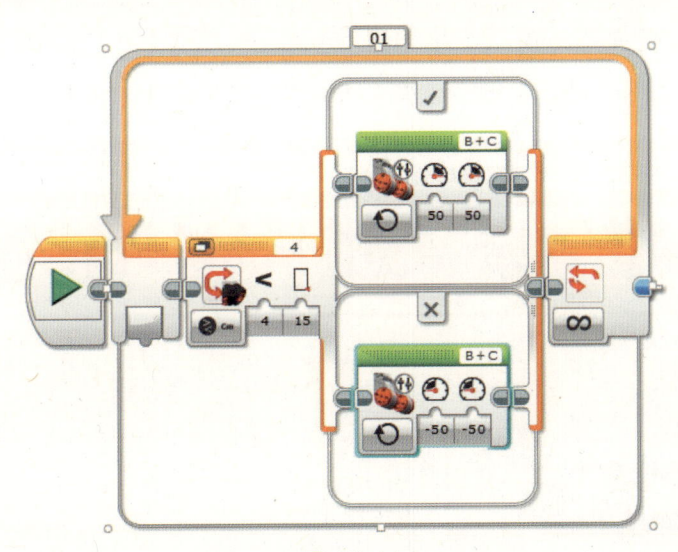

图 11.11

任务二： 机器人自动避障任务（图 11.12）。

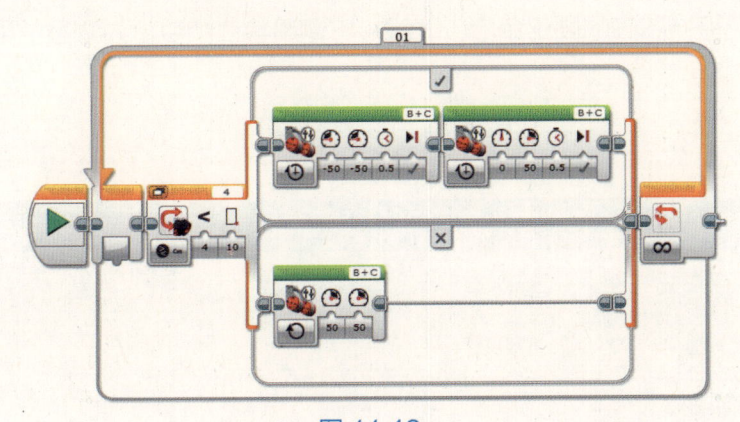

图 11.12

任务分析： 之前我们给大家介绍了扫地机器人，通过超声波可以进行避障。在这个任务中，我们就来模拟一个扫地机器人避障的过程。由于我们的套装中只有一个超声波传感器，所以避障效果可能不会特别好。因为超声波传感器对正对它的障碍物比较敏感，我们可以考虑在一定范围内检测到障碍物以后，机器人就后退转向，从而完成避障。

任务三： 制作一把智能尺子，测量自己的身高。

任务分析： 身高检测是体检时必不可少的一项检查内容，我们可以使用超声波传感器来代替传统的测量仪器，使测量身高的操作能够变得更加智能。我们可以先测量传感器与地面的距离，然后请同学站在传感器正下方，检测传感器与人头顶的距离，再将两个距离相减，得出同学的身高（图11.13）。

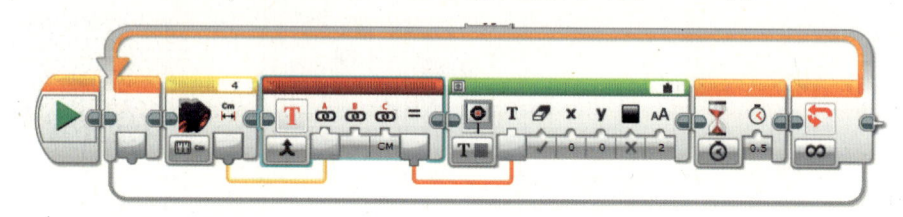

图 11.13

五、算一算

在前面的内容中，我们曾提到超声波传感器最好是正对被测物体才能够测量出比较准确的距离，如果偏移了不同的角度，那么测量的数值也会发生变化。大家可以自己设计不同的偏移角度，了解一下测量数值的变化。测量结果可以填在表 11.1 中。

表 11.1

实验	与被测物体关系	传感器数据	数学运算关系
第一次实验	90 度		
第二次实验	80 度		
第三次实验	70 度		

六、想一想

在家用小汽车中，都有一项安全装置叫做气囊，可以保护车内人员的安全。但是目前还没有车外的气囊，保护行人或者非机动车。发生碰撞以后，往往造成人员生命财产损失。有的同学就对此项设计进行了改进，希望在轿车外部安装气囊（图 11.14）。通过超声波传感器检测距离和车辆的速度。如果检测到与前车的距离过近，同时速度又过快，也就是即使急刹车也不能避免碰撞，在这个时候控制系统发出指令，让车外部的气囊迅速充气，从而保护车外行人或者非机动车的安全。

图 11.14

"自主导航"机器人的制作

一、看一看

相信同学们都会有这样一种经验，我们在使用手机玩游戏的时候，通过晃动手机或者调整手机的角度就可以控制游戏中的赛车或者人物运动，大家有没有考虑过为什么会有这样的一种效果呢？没错，就是因为我们手机中都内置了一种特殊的传感器——陀螺仪传感器。有了它我们就可以检测出手机的姿态变化了。

除此之外，陀螺仪传感器在军事上也有着非常广泛的应用。在导弹、航天器、战舰等装备中都配有陀螺仪传感器，用来帮助这些设备进行定位和调整姿态。陀螺仪经常和 GPS 配合起来使用，从而能够更好地实现导航效果。在乐高 EV3 的套装中，也为我们提供了一个陀螺仪传感器。如图 12.1，图 12.2 所示。

图 12.1　　　　　图 12.2（陀螺仪传感器）

任务发布

具体要求

1）了解陀螺仪传感器的工作原理，会用 EV3 编程软件完成陀螺仪传感器的程序设计。

2）使用陀螺仪传感器实现机器人的自动导航。

二、找一找

在前面的介绍中，已经给大家讲解了陀螺仪传感器在一些领域的应用。近些年来，四轴飞行器成为了许多航模爱好者的新宠（图 12.3，图 12.4）。一些发烧友热衷于自己制作四轴或者多轴飞行器，并辅以摄像头来完成航拍的任务。陀螺仪传感器在四轴飞行器中起着至关重要的作用，通过陀螺仪传感器可以保持飞行器的平衡。同学们可以想一想还有哪些领域中也用到了这种传感器呢？

图 12.3

图 12.4

三、学一学

生活中的陀螺仪传感器

同学们可能都玩过一种游戏机，叫做体感游戏机。游戏者手持一个手柄，做出相应的动作，游戏画面里的人物也会相应地配合做出动作，通过这种方式增加了游戏的体验感。大家都对这样的游戏机爱不释手。其实，在我们手持的游戏手柄中就包含有陀螺仪传感器（图12.5）。

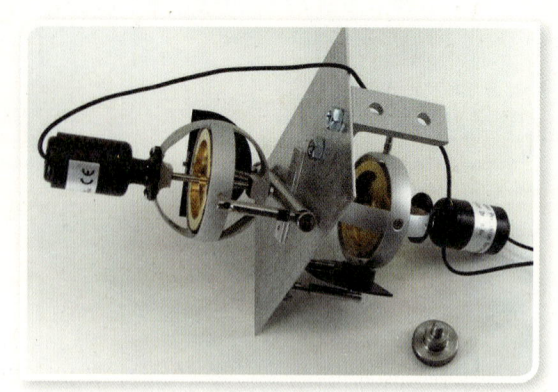

图 12.5

另外，很多相机都有防抖动的功能。有了这个功能可以让我们拍摄的画面更加完美，这项功能与陀螺仪传感器有着很大的关系。

原理解密

1. 陀螺仪传感器的基本知识及程序设计

陀螺仪的原理是一个旋转物体的旋转轴所指的方向在不受外力影响时，是不会改变的。人们根据这个原理，用它来保持方向。然后用多种方法读取轴所指示的方向，并自动将数据信号传给控制系统。例如，我们骑自行车时轮子转得越快越不容易倒，因为车轴有一股保持水平的力量。

在我们的 EV3 套装中，给大家提供的陀螺仪传感器可以检测到一个维度的方向变化。在使用过程中，陀螺仪传感器最好水平或者竖直放置，从而保证传

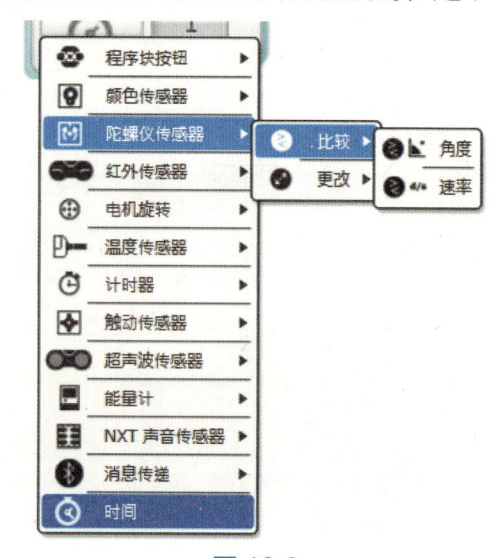

图 12.6

感器能够正常地检测到机器人运动方向的变化。简单来说，就是要使机器人按照传感器外壳上的方向运动（图12.6）。

我们使用的陀螺仪传感器可以检测出机器人转动的角度和旋转速率。旋转角度以"度"为单位，旋转速率则以"度每秒"为单位（图12.7）。

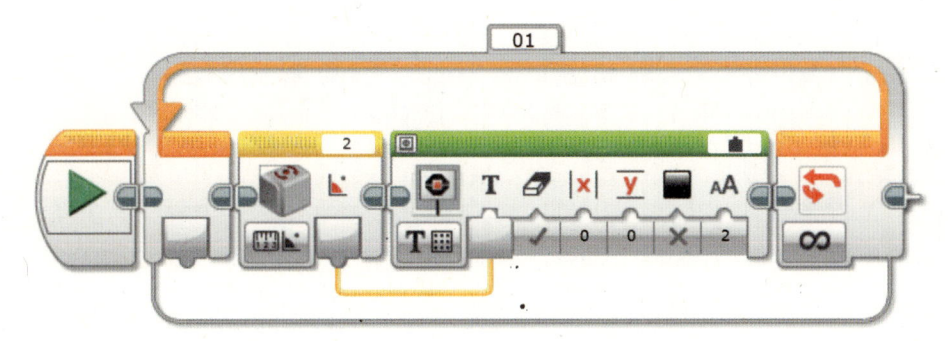

图12.7

我们可以通过上面的例子在液晶屏幕上看到陀螺仪传感器的数值变化，我们也可以将这个数值变化与机器人的旋转角度对应起来，看看传感器检测的数据是否准确。当然，我们也可以使用内置的端口测试工具看到数值。

使用陀螺仪传感器的时候，我们经常会遇到一种情况，陀螺仪传感器的数值会不断自动增加。所以在使用陀螺仪传感器之前，我们要对传感器进行重置。通过观察和实验不难发现，陀螺仪传感器在机器人顺时针旋转时，数值会增加，相反，在机器人逆时针旋转时，数值会减小。

2. 逻辑运算模块

在程序设计的领域中有一种"运算"被称之为逻辑运算。我们经常用"与、或、非"来表达。其实这三种逻辑运算很像我们数学中的交集、并集和补集。在EV3编程软件中我们用图12.8所示的图标来表示逻辑运算，学习了这个模块以后，我们就可以同时判断多个传感器的状态了。例如，模块中"a"的位置为一个传感器返回值的"真伪"，"b"则为另外一个传感器的

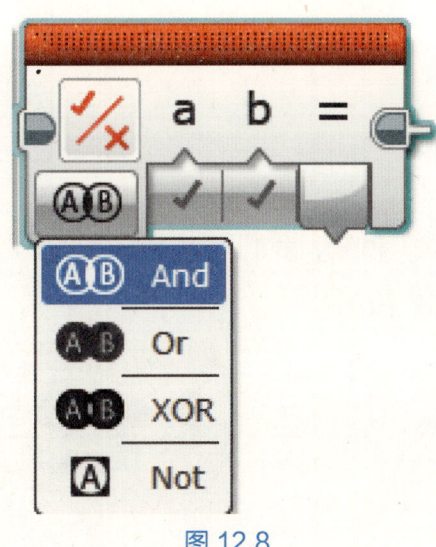

图12.8

"真伪"。如果我们选择的逻辑关系为"AND"也就是我们前面提到的"与",那么此时,需要两个传感器的返回值均为真逻辑运算的值才为真,否则为假(表12.1)。

表 12.1

A	B	and	or	xor
0	0	0	0	0
1	0	0	1	1
0	1	0	1	1
1	1	1	1	0

简单来讲,"与"运算两者相同则为真;"或"运算同时为假运算结果才为假,"异或"运算相同为假,不同为真。

3. 比较模块

在程序设计的过程中,我们经常需要用传感器测量的值与某一个固定值进行比较。在软件中专门有一个具有比较功能的模块(图12.9)。

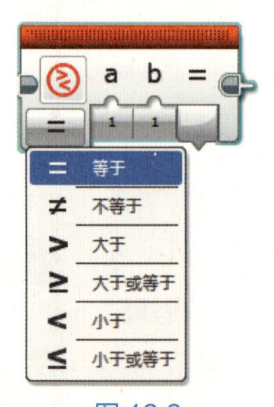

图 12.9

例如,我们可以用陀螺仪检测到的角度偏移值与"90度"进行比较(图12.10)。

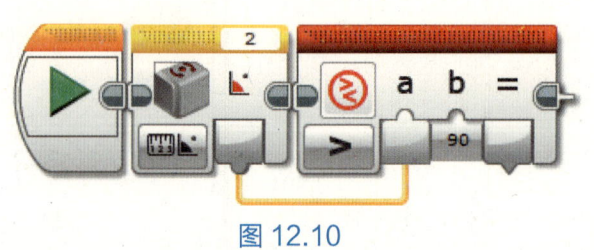

图 12.10

拓展应用

在前面的内容中我们给大家介绍过，很多智能手机上都有陀螺仪传感器，用来检测手机倾斜角度的变化。我们可以结合一下手机开发软件，自己开发一些基于陀螺仪传感器的游戏，相信大家玩起来一定非常有意思。

四、做一做

任务一： 使用超声波和陀螺仪传感器制作一款主动避障的机器人（图12.11）。

任务分析： 此项任务中，我们可以选择使用超声波传感器检测障碍物，使用陀螺仪传感器来控制机器人的转向角度。我们可以设定特定的距离，比如10厘米，当超声波传感器检测到的距离小于10厘米时，则开始转向，直到转到大于一个特定的角度。

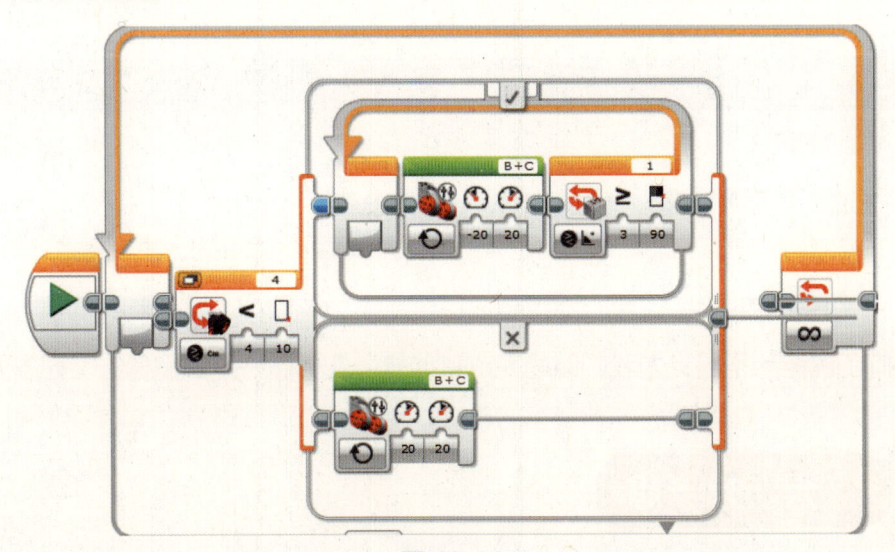

图 12.11

任务二： 当陀螺仪传感器偏移角度小于5度，同时距离障碍物小于10厘米时，机器人后退，若无此条件则正常前进（图12.12）。

任务分析： 此项任务同样需要同时判断两个传感器，并且两个传感器都要与一个固定值进行比较，将两者的判定结果再进行逻辑运算，最后在使用分支结构判断机器人的运动方向。

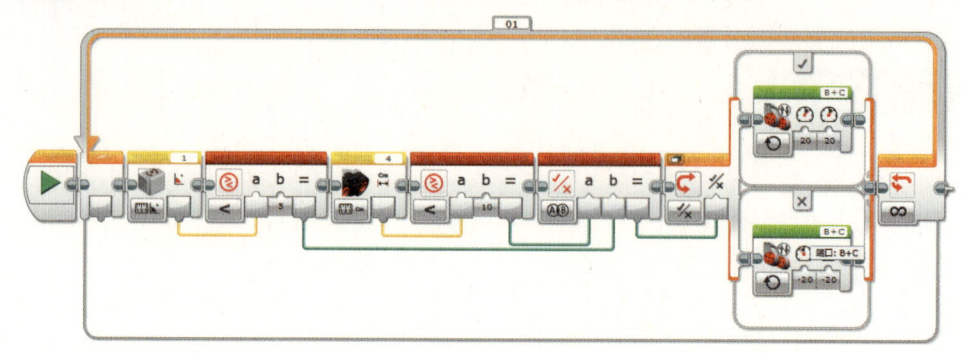

图 12.12

五、算一算

通过陀螺仪传感器我们可以控制机器人的转动角度，在以往学习过的知识中我们同样可以通过延时等控制方式控制小车的转向角度。我们可以通过几个实验来体会一下两种不同控制方式的区别，并记录在表 12.2 中：

表 12.2

控制方式	在光滑地面	在粗糙地面
延时时间		
陀螺仪传感器角度		

完成上面的实验后，我们可以自己总结一下，陀螺仪传感器和延时控制机器人转向的优势与不足，为我们以后完成其他复杂任务做好知识储备。

六、想一想

盲人是我们社会中的一个弱势群体，盲人在外出时往往需要一根导盲杖来帮助他们识别障碍物。曾经有同学制作过一个帮助盲人的小发明。他在盲人使用的导盲杖上增加了一个超声波传感器和陀螺仪传感器，通过两个传感器来帮助盲人检测障碍物和辨别方向。大家也可以根据这个思路拓展脱陀螺仪传感器的应用领域，完成更多的创新发明。

分拣流水线

一、任务发布

如今，快递行业非常发达，自动分拣系统是先进配送中心必备的条件之一（图 13.1）。自动分拣系统有诸多的优点，能连续、大批量地分拣货物，具有很高的分拣效率。自动分拣系统不受气候、时间、人的体力等因素的限制，可以持续运行，同时自动分拣还拥有系统单位时间分拣件数多，分拣误差率极低的特点。在本课中，我们就来自己设计一个自动分拣流水线的模型。看看制作的模型是否可以进行自动的分拣。

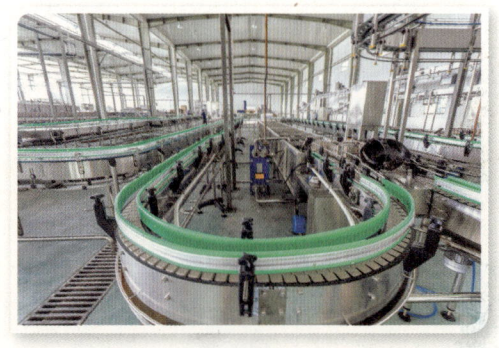

图 13.1

二、任务目标

1. 设计并制作一款自动分拣机器人。
2. 分拣机器人能够至少识别出三种颜色的物体。

三、任务构思

在前面的学习中，我们给大家介绍过颜色传感器，利用颜色传感器我们可以识别出各种不同颜色的物体。经过我们的观察发现，分拣平台大多使用履带进行物品的传送。在结构搭建中，我们也可以考虑使用履带方式构建自己的模型。

传送带机构也是一种在工业生产中常用的机构，在农业、工矿企业和交通运输业中广泛用于输送各种固体块状和粉料状物料或成件物品。传送带能连续化、高效率、大倾角运输。传送带操作安全，输送带使用简便，维修容易，运费低廉，并能缩短运输距离，降低工程造价，节省人力物力。

传送带主要有以下几种类型：平带传动、V型带传动、同步带传动。平带传动是带传动中最简单的结构，适用于中心距较大的情况。V型带传动有较大的摩擦力且传动平稳，应用广泛。同步带传动是啮合传动，它转速高，精度高，适合高精度仪器装置中。

了解了传送带的知识后，请在下面写出你的设计方案或者画出设计草图。

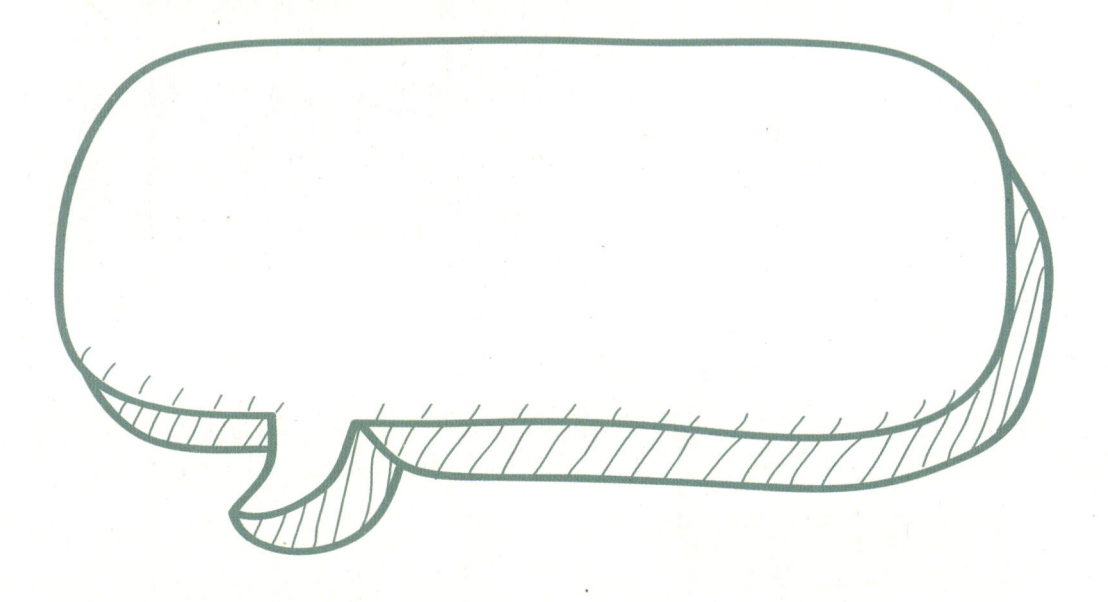

要想实现我们的任务目标，我们可以选择表13.1中描述的材料来完成制作。

表13.1

硬件设备	数量	功能
大型电机	1	带动传送带运动
中型电机	1	控制分拣机械手臂动作
颜色传感器	1	检测分拣物品

四、任务实践

1. 模型搭建

在模型搭建的过程中,我们要考虑整个模型的功能。第一,一个电机带动履带实现传送的效果;第二,颜色传感器的高度要与被识别物品等高,保证放置在履带上的物品在移动的过程中能够被传感器识别到;第三,另一个电机可以将识别出的物品"分拣"出来。

大家可以根据自己的设计完成模型搭建。下面给大家提供一个参考模型(图13.2—图13.6)。

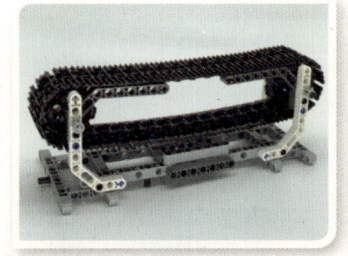

图 13.2

图 13.3

图 13.4

图 13.5

图 13.6

2. 程序设计

在本节课的制作当中,我们使用了一个大型电机、一个中型电机和一个颜色传感器。大型电机控制履带的传送；中型电机控制"分拣"机械手臂；颜色传感器用来区别传送带运送过来的不同颜色物体，以便后方机械手臂按不同颜色采取不同动作，将其分拣。

我们可以据此来设计本次任务的从程序框图，如图 13.7 所示：

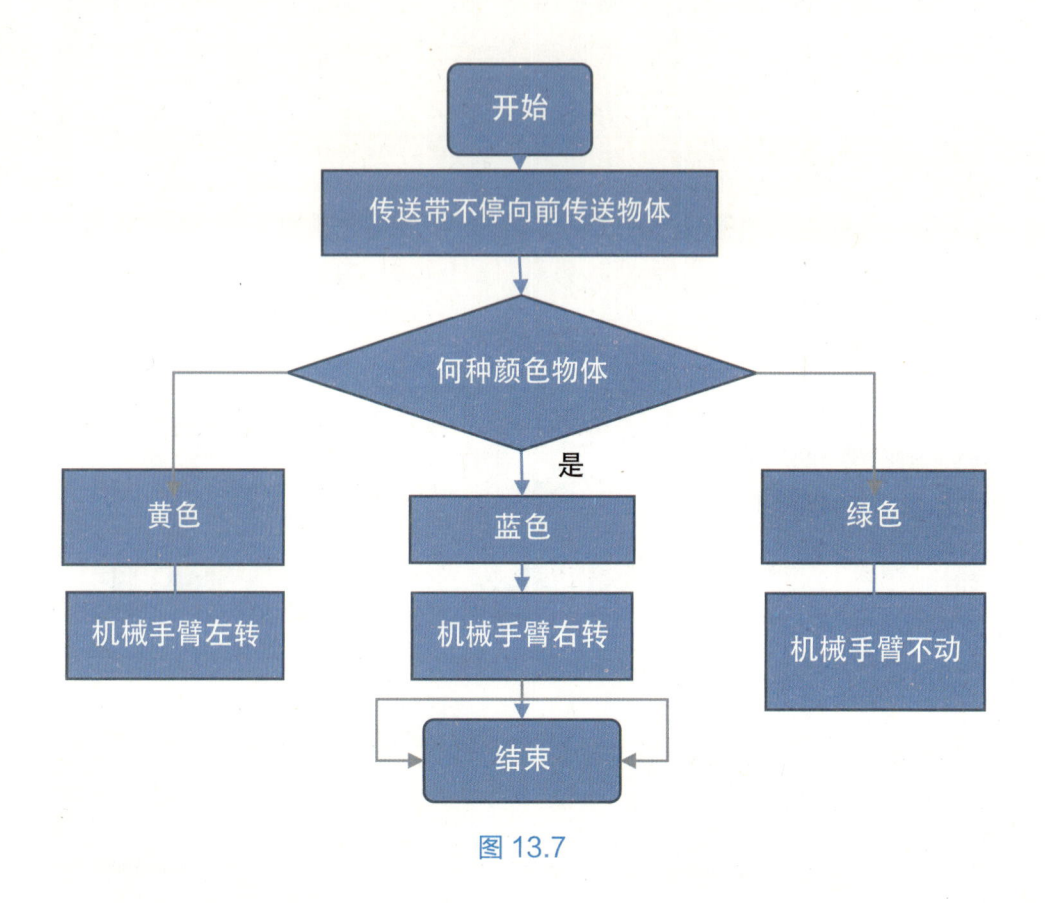

```
                          开始
                            │
                  传送带不停向前传送物体
                            │
                       何种颜色物体
              ┌─────────────┼─────────────┐
             黄色           蓝色           绿色
              │             │             │
         机械手臂左转    机械手臂右转    机械手臂不动
              │             │             │
              └─────────────结束────────────┘
```

图 13.7

负责履带传送的电机是一直运动的，当颜色传感器检测到有颜色的物体通过时，后面的操作手臂就会产生不同的动作。例如：黄色物体被操作手臂划向左侧，蓝色物体被操作手臂划向右侧，而其他颜色物体操作手臂则不采取任何动作，顺着传送带滑落。"分拣"机器人参考程序如下图 13.8 所示：

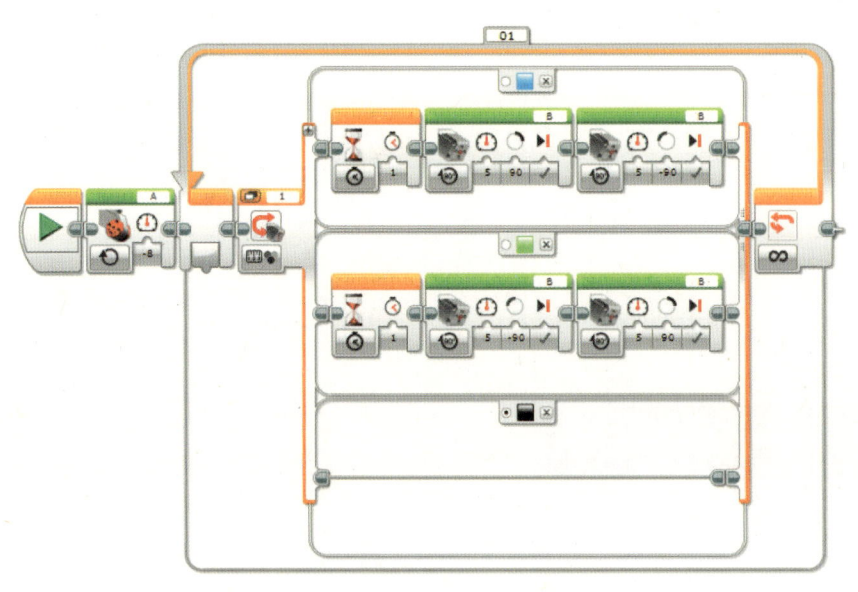

图 13.8

五、任务拓展

在上面的任务中，我们实现了分拣的功能，我们还可以在分拣功能的基础上进行拓展，当检测到某一种颜色的时候，我们可以通过灯光来进行提示。当然，也可以使用蜂鸣器来进行提示。

除此之外，分拣的方式还有很多种。曾经有个同学希望将不同面值的硬币能够分拣出来。起初，他考虑使用颜色传感器进行分拣与识别，但是有些硬币的颜色基本相同，颜色传感器很难进行辨别。经过研究发现，不同面值的硬币最大的不同就是直径不同，最终选择使用行程开关来进行硬币的分辨（图 13.9）。

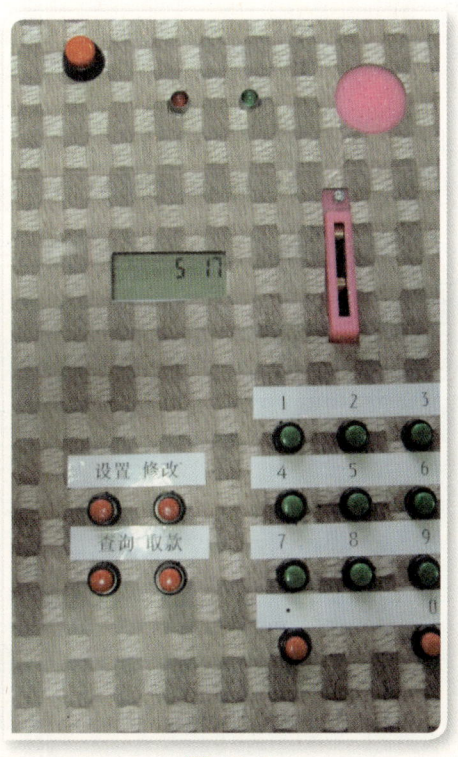

图 13.9

119

"换灯泡"机器人

一、任务发布

电灯在我们的学习和生活中起到了非常重要的作用，它让人们能够在夜晚和在白天一样正常地学习和工作，给我们的生活带来了极大的方便。但是如果灯泡损坏了，我们就需要对它进行更换。一般情况下，人们换灯泡的时候需要用到梯子或者踩在比较高的地方。这样会有很大的安全隐患，尤其对于老年人和行动不方便的人们来说，这也是一件很麻烦的事情。在学习了机器人的一些知识以后，我们是不是能够制作一款会帮助人们换灯泡的机械手臂呢？在本课中，我们就来制作一款能够自动换灯泡的机器人（图 14.1）。

图 14.1

二、任务目标

1. 设计并制作一款换灯泡的机器人模型。
2. 机器人要能够在水平面和垂直面内进行运动。
3. 通过机械机构产生伸缩的效果，并能够模拟换灯泡的过程。

三、任务构思

完成一个换灯泡机器人的制作，要考虑几个方面的问题：第一，机器人要能够在水平面内移动；第二，在垂直面内，要使用一种能够伸缩的机构，将机械手臂进行抬升和收缩；第三，在机械手臂的顶端增加一个可以测量距离的传感器，用来检测是否已经接近屋顶或者灯泡。

要想实现我们的任务目标，我们可以选择表 14.1 中描述的材料来完成制作。

表 14.1

硬件设备	数量	功能
大型电机	2	作为机器人的底盘驱动动力
中型电机	1	控制机械手臂抬升的动力
超声波传感器	1	检测是否达到相应的高度

请在下面写出你的设计方案或者画出设计草图：

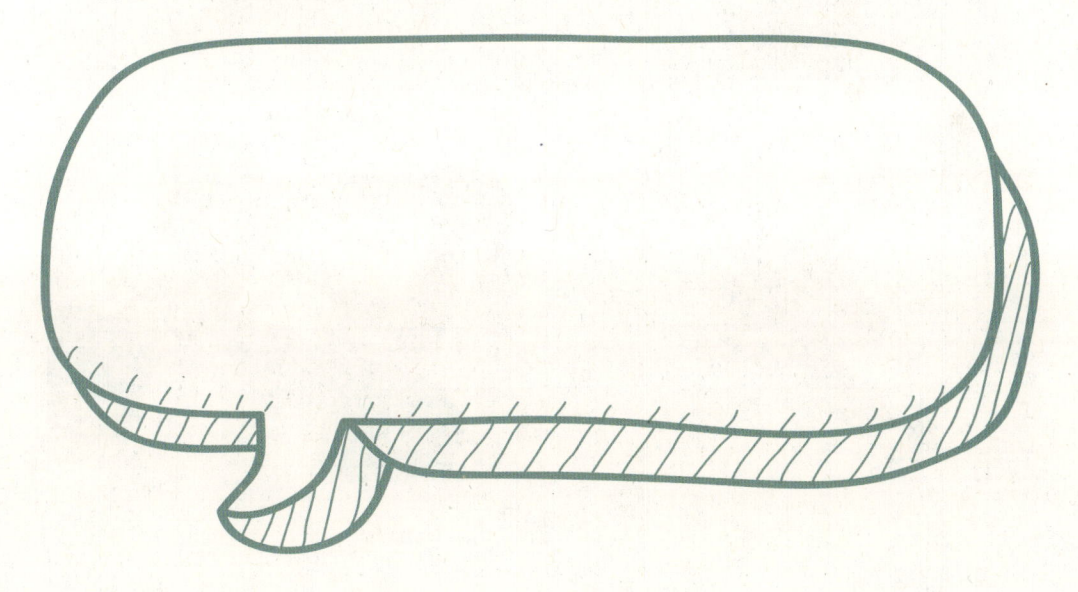

四、任务实践

1. 模型搭建

在搭建的过程中，我们的机器人主要由两个部分组成，即，一个移动平台，一个可以伸缩的机械手臂。根据以往学习过的知识，我们可以选择剪叉机构来实现纵向伸缩。在此模型中并没有考虑使用单独的电机来模拟将灯泡"拧"下来，而是通过机器人的自身旋转来完成。这样保证我们只需要使用一套 EV3 套装就可以完成模型的搭建（图 14.2）。

图 14.2

2. 程序设计

在此项任务中，我们共使用了两个大型电机和一个中型电机以及一个超声波测距传感器。大型电机控制机器人底盘的运动，可以考虑主要有两个功能，其一是控制底盘移动到指定的位置；其二是通过电机的差速旋转来模拟将灯泡"拧"

下来的动作。中型电机在这里的用处更像是一个舵机,通过一定角度的转动带动剪叉机构的升或者降。超声波传感器则可以用来检测剪叉机构与屋顶或者灯泡的距离,从而控制剪叉机构停止运行。

本次程序设计可以完成下面的动作与流程如图 14.3 所示:

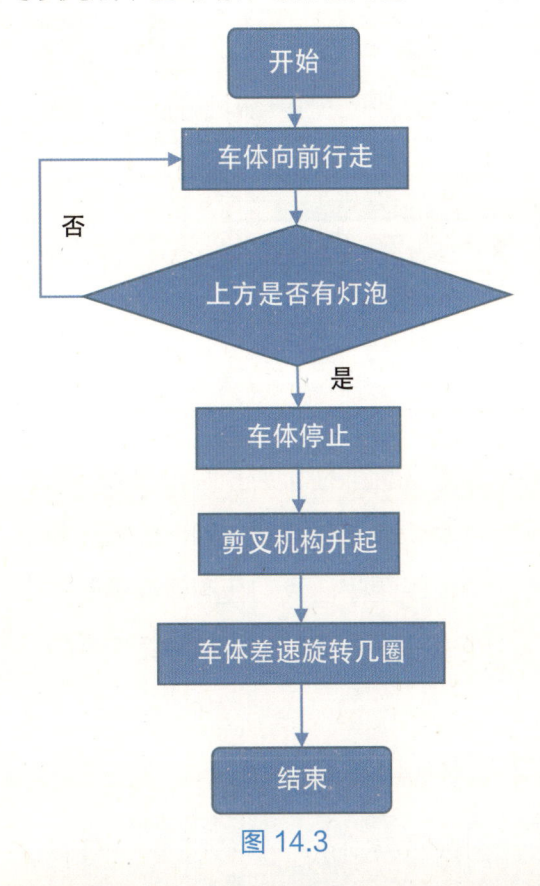

图 14.3

在剪叉机构伸缩的过程中,我们希望距离屋顶或者灯泡越近的时候抬升速度应该越慢,以便能够更准确地找到指定位置。我们可以考虑将超声波传感器的距离值赋给中型电机的速度(图 14.4)。

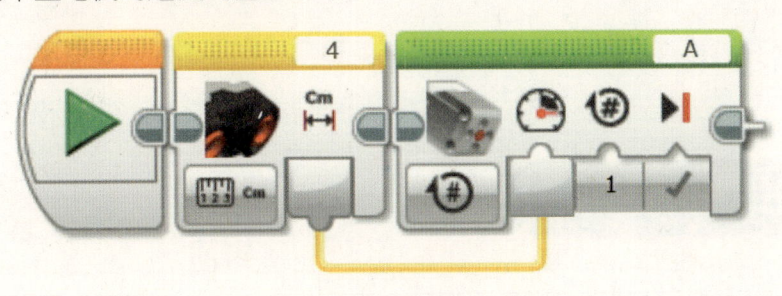

图 14.4

此项目需要我们更加精准地控制电机的动作，所以我们可以根据自己的经验来选择电机的控制方式。

下面我们来看一下参考程序（图14.5）：

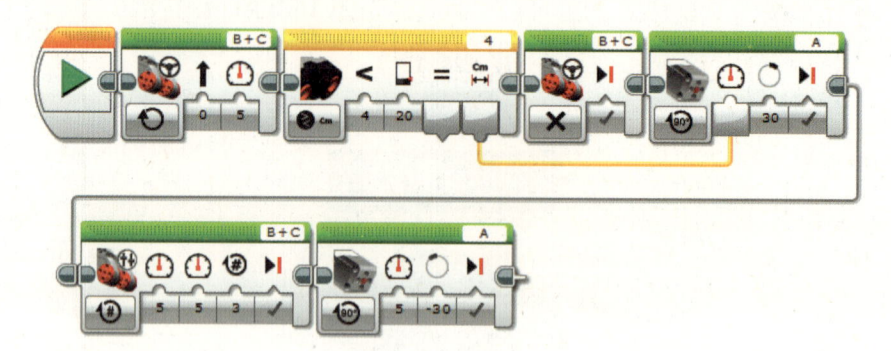

图14.5

本次机器人的设计中，我们用到了剪叉机构，如图14.6所示。如果此剪叉机构与地面的角度在不同的情况下，那么需要多少组剪叉机构呢？大家可以根据自己的模型情况来进行一下相应的计算，以便保证我们在搭建模型的过程中做到心中有数。（一个十字交叉为一组）计算结果可以填在表14.2中。

表14.2

灯泡高度/m	杆长/m	与地面夹角（度）	组数
1	0.2	45	
1	0.5	45	
2	0.2	60	
2	0.5	60	

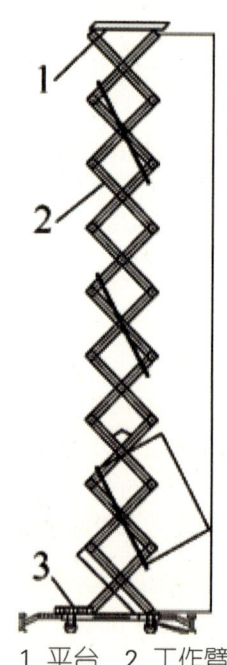

1. 平台 2. 工作臂
3. 底座

图14.6

五、任务拓展

许多同学学习了超声波传感器的基本知识以后，认为超声波传感器可以检测和测量距离,就使用它制作了一款智能的盲人拐杖。在常见的盲人拐杖上面增加一个超声波传感器,当检测到前方有障碍物的时候,就发出相应的警报音。

下面我们来看一个同学的创新作品(图14.7),使用超声波传感器制作的电子吉他。通过滑块在吉他上滑动的不同位置,导致传感器检测的距离不一样使蜂鸣器发出不同音调的声音。

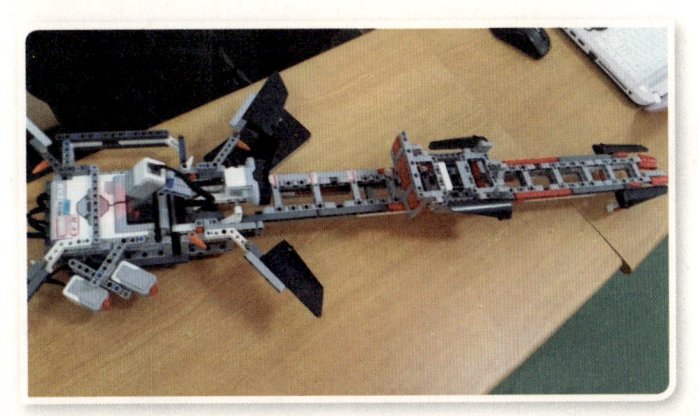

图 14.7　电吉他

键控铲车

一、任务发布

铲车是广泛应用于道路、建筑、矿山等建设工程的施工机械，在我们的生活中也是非常常见的工具（图15.1）。它主要用于铲装砂石、煤炭等材料，还可进行推土、起重和其他物料如木材的装卸作业。由于铲车具有作业速度快、效率高、机动性好、操作轻便等优点，因此它成为工程建设中施工的主要机种之一。但是目前的铲车都是由人工控制的，我们可不可以设计这样一款简单的智能铲车，通过按键来控制铲车"铲子"的抬起呢？

图 15.1

二、任务目标

1. 设计并制作一辆智能铲车。
2. 铲车可以通过安检进行控制。
3. 当铲车接近物体时，铲车速度随着距离的减小，车速要放缓下来。

三、任务构思

在前面的学习中，我们已经给大家介绍过了碰触传感器的功能与应用。本节课铲车的设计就可以用到碰触传感器，当传感器被按下的时候，"铲子"缓慢抬升。另外，为了完成机械臂的上下运动，我们可以利用齿轮传动的方式，通过电机带动，让机械臂旋转一定的角度，从而将物体托起。齿轮又分很多种类，其中直齿轮是最常见的（图15.2），多个直齿轮可以实现同一平面内的传动。而斜齿轮也是齿轮的一种（图15.3），其最大的特点就是，斜齿轮可以改变运动的传递方向。除此之外，齿轮不仅和齿轮之间实现传动，齿轮齿条结构也是非常好的机械结构，其特点是使旋转运动转换成线形运动，或线形运动转换成旋转运动（图15.4）。

图 15.2 　　　　　图 15.3 　　　　　图 15.4

学习了齿轮的基本知识，请在下面写出你的设计方案或者画出设计草图：

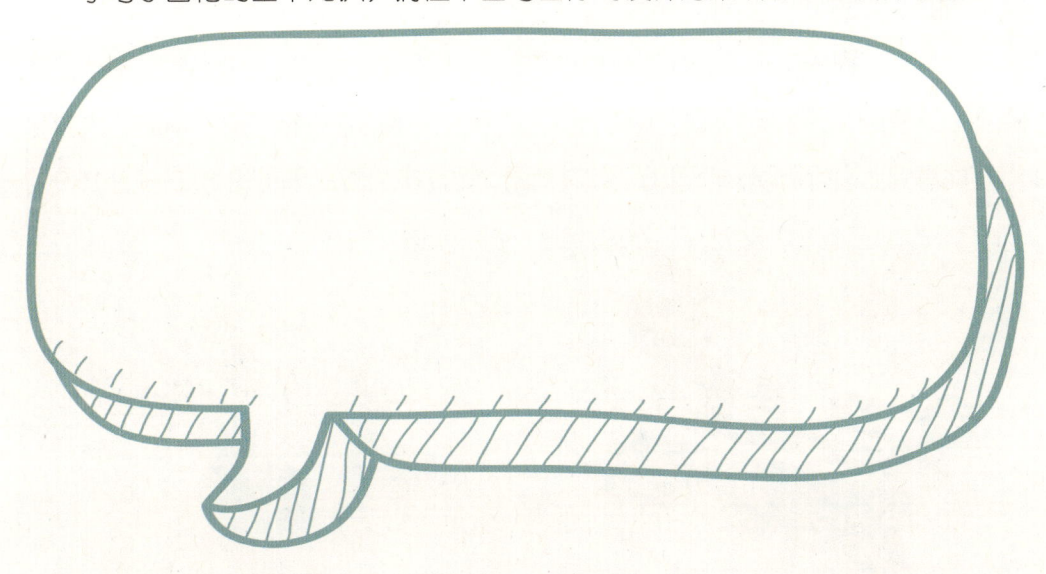

要想实现我们的任务目标，我们可以选择表15.1中描述的材料来完成制作。

表 15.1

硬件设备	数量	功能
大型电机	1	带动传送带运动
中型电机	1	控制分拣机械手臂动作
碰触传感器	1	感触识别前方物品

四、任务实践

1. 模型搭建

在模型搭建的过程中，我们主要从两个方面进行构建。一方面，从功能上，铲车能够正常地向前行驶，为了使本次制作的铲车具有"智能"性，我们可以使用碰触传感器。当碰触传感器被按下时，铲车自动停下，然后机械手臂旋转一定角度将物体抬起。

另一方面，从结构上，"智能铲车"主要包含行走部分和机械手臂部分，行走部分采用大型电机驱动，机械手臂在制作过程中要考虑如何升降的问题，本次参考结构采用旋转方式将物体抬起。注意碰触传感器放置的高度，可以根据不同物体的体积或形状，灵活设计调整。

大家可以根据自己的设计完成模型搭建。下面给大家提供一个参考模型。在此模型中，使用了一个电机作为驱动电机，机器人只能够在一维方向上运动，大家可以在此基础上进行拓展，搭建出一款具有两个驱动电机的铲车（图15.5—图15.9）。

图 15.5

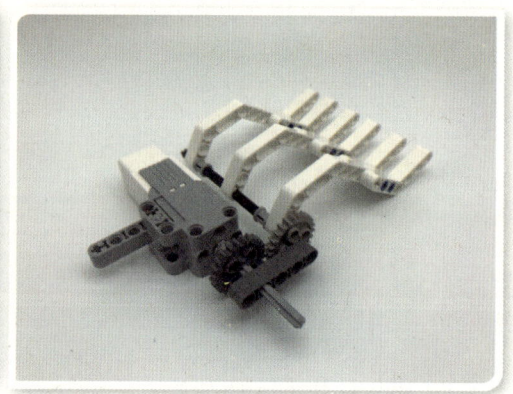

图 15.6

图 15.7 　　　　　　图 15.8 　　　　　　图 15.9

2. 程序设计

在此项任务中，我们使用了一个大型电机、一个中型电机和一个碰触传感器。大型电机的作用是控制车底盘的行走与暂停。中型电机控制起重手臂的上升与下降。碰触传感器的作用是用来感知触碰，通过碰撞的方式让其感知，然后铲车进行其他后续动作。

本次程序设计可以完成下面的动作与流程，如图 15.10 所示：

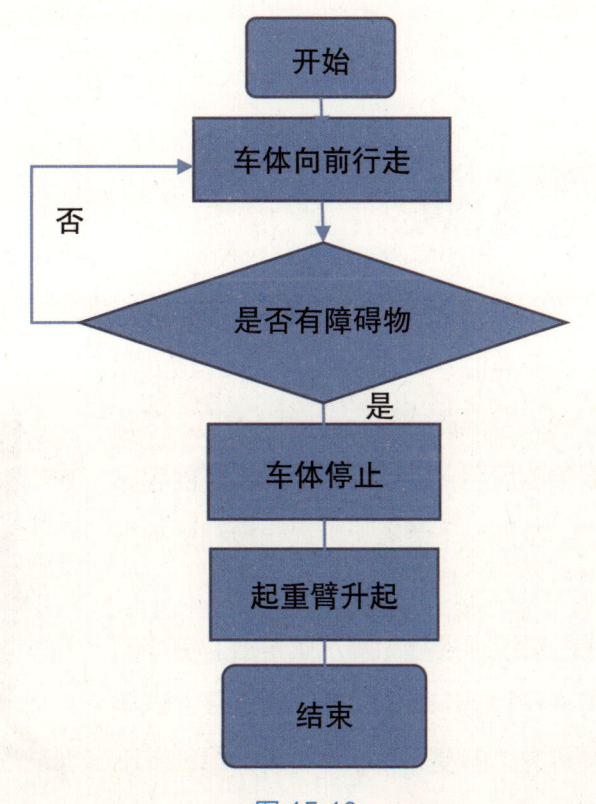

```
        开始
         ↓
    车体向前行走 ←──┐
         ↓         │
    是否有障碍物 ──否
         │是
         ↓
      车体停止
         ↓
     起重臂升起
         ↓
       结束
```

图 15.10

大型电机驱动车体沿着直线行走，如果没有检测到障碍物，可以一直保持直

线运动。如果前方出现障碍物，被碰触传感器感知，此时大型电机停止，车体不再前进，中型电机旋转一定角度，将物体抬起，即完成本次的自动铲车任务。参考程序如图 15.11 所示：

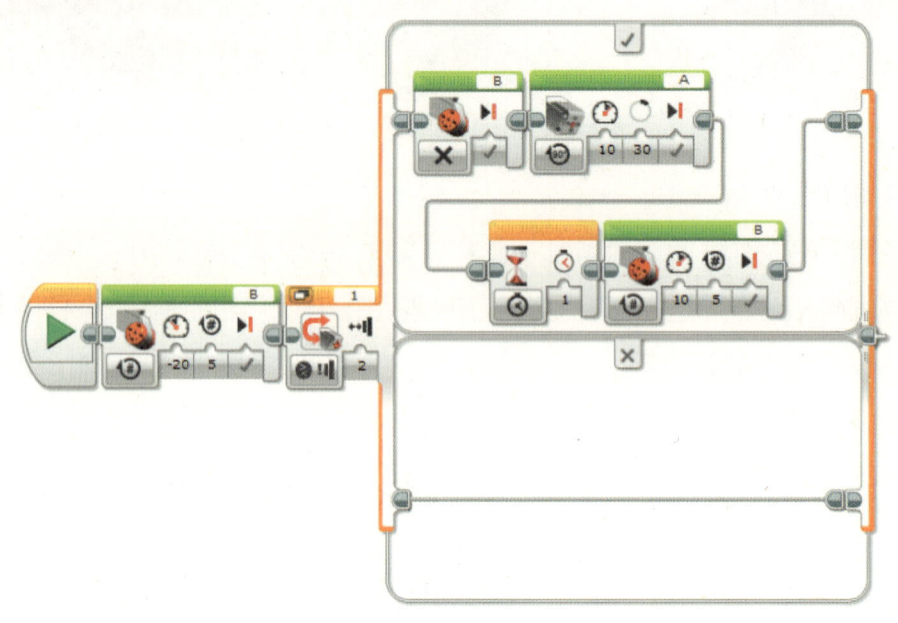

图 15.11

五、任务拓展

拓展一：我们平时最常见的电铃就是典型的碰触传感器，当你按下时，就会触动接通，有电流通过，此时电铃就会响起（图 15.12）；当松开手时，电流就会断开，电铃不响，这就是碰触传感器最简单的应用，你可以用碰触传感器自己动手制作一个电铃。发挥一下想象，你还有没有更高级的创意呢？

拓展二：你是否有过半夜起床喝水或是上卫生间的经历呢？你是否希望在黑暗中看清路呢？当你穿上汽车照明鞋时就会触发开关，由发光二极管制成的灯会发出明亮的光，并照亮你前方 30 尺的物体。此外，鞋内由柔软的绒毛做衬里，穿起来十分柔软和舒适。

图 15.12